Die Orte des lebenden Todes

Fröhliche Wissenschaft 102

László F. Földényi

Die Orte des lebenden Todes

Kafka, Chirico und die anderen

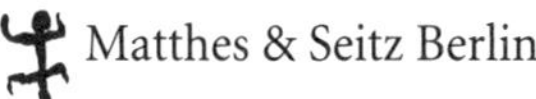
Matthes & Seitz Berlin

»Klappern im Laub. Die mannigfachen Bewegungen der Bäume um den Gardasee, das Wachsen, Altern der Blätter der Esskastanien, der Verlust der Früchte, das Fallen der Blätter. Alles zur gleichen Zeit. Bewegung in der Stille, wenn ich ihn vernehme, den schweren Chor: Rex tremendae. Weckt er keine Einsamkeit? Ich flüchtete mich ins andere Zimmer, zog hinter mir behutsam die Tür zu. Eine schwere, weiße Tür, die nicht gut schließt, wieder aufgeht. Es besteht die Gefahr, dass man das Geräusch hört und mich fängt. Das andere Zimmer war aber so betörend, dass ich wie angewurzelt stehenblieb und zur Wand sah, die wie die Seite eines riesigen Glashauses anmutete, vergittert. Dahinter war Wasser, darin schwammen alle Körper, die vor gar nicht langem noch bereitwillig Schlange gestanden oder in den weißen Krankenhausbetten Seite an Seite gelegen hatten. Wie waren sie hierher gekommen? Jenseits der geschwungenen, weißlackierten Relinge der Betten war Wasser, endgültiges Medium. Man verband uns die Augen und den Mund und hieß uns, uns vom Beckenrand wegzustoßen. Das andere Zimmer war das Jenseits, wohin ich kurzerhand gekommen, dann aber doch draußen geblieben war. Ich war einfach übergangen worden.«

Uri Asaf, »Kafka in Bildern«

»Zwei Knaben saßen auf der Quaimauer und spielten Würfel. Ein Mann las eine Zeitung auf den Stufen eines Denkmals im Schatten des säbelschwingenden Helden. Ein Mädchen am Brunnen füllte Wasser in ihre Bütte. Ein Obstverkäufer lag neben seiner Ware und blickte auf den See hinaus. In der Tiefe einer Kneipe sah man durch die leeren Tür- und Fensterlöcher zwei Männer beim Wein. Der Wirt saß vorn an einem Tisch und schlummerte. Eine Barke schwebte leise, als werde sie über dem Wasser getragen, in den kleinen Hafen.«

Franz Kafka, *Der Jäger Gracchus*

Auch die Starre kann sich ins Dramatische steigern. In der Berliner Gemäldegalerie hängt Francesco di Giorgio Martinis etwa um 1490 entstandenes Gemälde *Architektonische Vedute*. Seine Leere, seine Stille, vor allem aber seine Starre sind frappierend. Durch die Arkaden im Vordergrund des Gemäldes öffnet sich der Blick auf einen minutiös geplanten Platz, der zu beiden Seiten von dreistöckigen Gebäuden gesäumt wird. Links im Hintergrund sieht man Teile einer Festung, rechts ein Hafengebäude – vielleicht ein Lager, vielleicht eine Behörde. Und dahinter den Hafen mit fünf Schiffen unterschiedlicher Größe, zwei davon mit gehissten Segeln. Alles ist derart makellos geordnet, dass man den Eindruck hat, als wäre diese Stadt nicht von Menschen errichtet, sondern von einem Gott eigens für diesen Ort entworfen worden. Sie wirkt unzerstörbar und unverderblich; keine Naturkatastrophe, kein Unwetter, kein Erdbeben und keine Überschwemmung könnten dieser Stadt je etwas anhaben. Hätte man den »Gottesstaat«, wie er dem Heiligen Augustinus vorschwebte, je errichtet, hätte er wohl genauso ausgesehen –

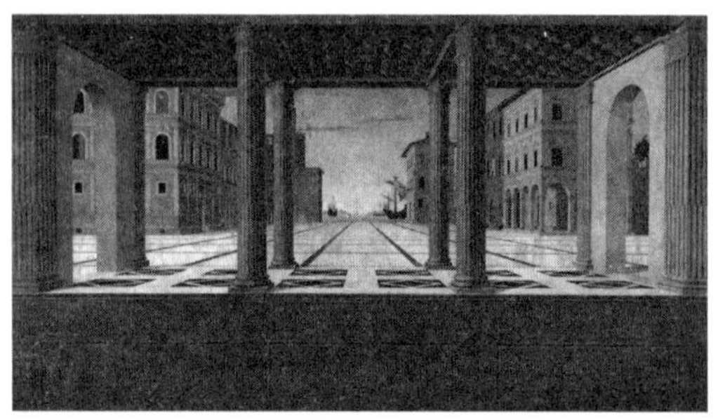

auch wenn auf Martinis Gemälde von einem Kirchenbau nichts zu sehen ist. Sie könnte das genaue Gegenteil der ersten Stadt sein, die auf Erden errichtet worden ist – der von Kain gebauten Stadt Henoch, die aber wegen ihres Gründers von vornherein in Sünde empfangen wurde und – wie Babylon – von Chaos (confusio) geprägt war. Verglichen mit der Unordnung, dem angeblichen Durcheinander des »Erdenstaates« zeichnet sich der »Gottesstaat« vor allem durch perfekte Planung aus. Der Plan: Vorsehung – lateinisch providentia. Die höchste Vorsehung ist aber die Auserwählung durch Gott. Die Stadt auf dem Gemälde trägt den Stempel dieser göttlichen Planung oder Vorsehung. Sähe sie der Heilige Augustinus, würde er vermutlich sagen, es handele sich nicht um einen »Menschenstaat«. Dem »Gottesstaat« stellte er nämlich nicht den Teufels-, sondern den »Menschenstaat« gegenüber.

Doch mag die Stadt noch so »göttlich« wirken, das Ganze hat dennoch etwas ungeheuer Bedrückendes. Denn obwohl jedes Motiv auf Menschenhand verweist, ist kein Mensch zu sehen. Aber nicht in dem Sinn, dass gerade keine Menschen anwesend sind, sondern so als gäbe es sie gar nicht. Als wären sie in dieser Welt ausgestorben. Der Anblick hält einen posthistorischen Zustand fest. Er balanciert an der Grenze zwischen Zeit und Zeitlosigkeit; gerade die Abwesenheit der Menschen verdeutlicht, dass es einst, vor langem, auch etwas wie Zeit gegeben hat, was auch dadurch belegt wird, dass es Menschen gab, die Architekturpläne entwarfen, Steine behauten, Mörtel mischten, Gebäude errichteten; doch nun, da die Menschen dieser Gebäude ausgestorben sind, hat mit ihnen auch die Zeit aufgehört zu sein. Diese Zeitlosigkeit – genauer diese Abwesenheit von Zeit – wiederum verweist auf den Zustand vor der Zeit. Schließlich ist der Mensch erst unfassbar spät auf der hauchdünnen Oberfläche dieses Planeten erschienen und wird nach kosmischem Maßstab gemessen sekundenschnell auch wieder verschwinden. Und mit ihm die Zeit, die dann von etwas ersetzt wird, das man nicht einmal als Zeitlosigkeit, sondern höchstens als kosmische Gleichgültigkeit bezeichnen kann.

Diese kosmische Gleichgültigkeit entströmt

dem Bild. Alles ist steril, alles aus Stein und Marmor. Alles ist regelmäßig und geordnet. »Plötzlich war ich in einer großen Stadt, einer quadratischen. Alle Fenster waren geschlossen, überall herrschte Stille.« Das sah Giorgio de Chirico 1911 in einem Traum.[1] Vielleicht war er gerade in Martinis Stadt gewesen. Auch hier sind alle Fenster geschlossen, mit Ausnahme eines Fensterladens im ersten Stock des Miets-

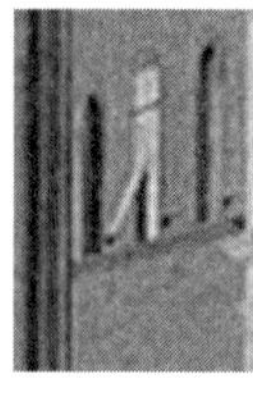

hauses auf der rechten Seite, der halb geöffnet ist. Achte ich nur darauf, wird er nach einer Weile zu einem Strudel: er zerrüttet die Ordnung. Gespenstisch ist dieser geöffnete Schattenspender. Er könnte sogar auf ein Verbrechen hindeuten. Man entdeckt an ihm Anzeichen des Lebens – des verschwundenen Lebens. Wenn ich das Bild lange betrachte und dabei an diesen geöffneten Fensterladen denke, beginnt sich der Platz allmählich zu bevölkern. Mit Menschen, die aber nicht lebendig sind. Tot aber auch nicht. Mit lebenden Toten. Wie dem Jäger Gracchus, dem Helden einer Erzählung von Kafka, der als lebender Toter auf Erden wandelt. Wesen wie er bevölkern – unsichtbar – die Stadt Giorgio Martinis. Einer von ihnen hat den Fensterladen geöffnet. Vielleicht gerade jener Cecchino Bracchi, der gut vier Jahrzehnte später jung, gerade sechzehnjährig, starb und Michelangelo zu den Zeilen veranlasste: »Jenseits der Zeit, eingesperrt in dieses Grab, / erschreckender ist's, ins Sein zurückzukehren, / als zu verweilen, da hierhin geboren, / wo der Tod verstarb«.

Vom lebenden Leben fehlt jede Spur. Auch das rechts hervorlugende, einsame Laubwerk dient nur dazu, das Fehlen jeglicher Vegetation noch mehr zu betonen. Seit Menschengedenken ist niemand mehr hier gewesen, und doch sind die Steine, die Wände der Häuser nicht von Pflanzen überwuchert, die Sockel der Säulen nicht von Unkraut befallen. Nicht etwa weil die hier Lebenden alles in Ordnung hielten, sondern weil auch die Vegetation ein Zeichen von Leben wäre. Hier sieht man stattdessen eine Mondlandschaft oder einen postatomaren Zustand, in dem es vielleicht nicht einmal mehr Sauerstoff gibt, in dem es nur noch das Nichts gibt.

* * *

Als ich das Bild in der Berliner Gemäldegalerie zum letzten Mal sah, hing zu beiden Seiten daneben je ein Botticelli-Porträt: links das Porträt Giuliano Medicis, rechts Simonetta Vespuccis. Das schön geordnete Haar des Mädchens, das zu diesem Zeitpunkt bereits verheiratet war und als die schönste Frau ihrer Zeit galt, hat sich an den

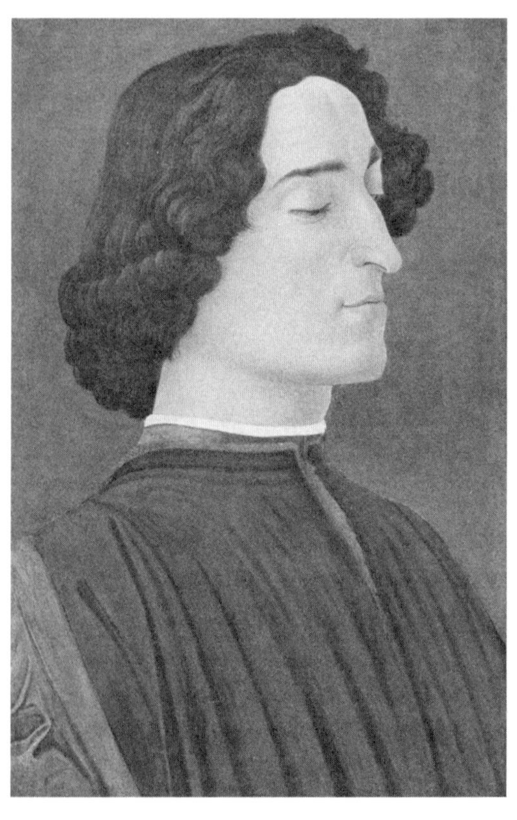

Seiten und hinten gelöst und flattert, als stünde sie in einem Sturm. Solch flatternde Frisuren waren im Florenz der 1480er Jahre, nur wenige Jahre vor der Entstehung des Martini-Gemäldes, nicht üblich. Im Gegenteil: die Frauen flochten ihr Haar, strichen es glatt und befestigten das Geflecht mit Spangen – wie es auch Simonetta

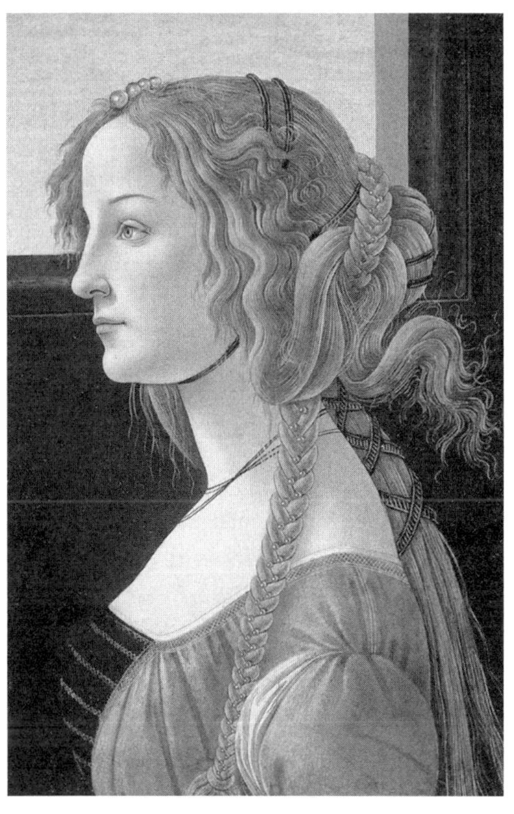

auf diesem Gemälde tut. Hier verleiht jedoch gerade das sich lösende, teilweise schon flatternde Haar ihrem sonst fast ausdruckslosen Blick seine Schwere. Botticellis Gemälde lag wahrscheinlich die Beschreibung des italienischen humanistischen Dichters Angelo Poliziano zu Grunde, den er auch persönlich kannte, beide waren Mitglieder der Platonischen Akademie in Florenz. Poliziano stand in engem Kontakt zu Giuliano Medici und besang ihn auch in einem epischen Gedicht (*La Giostra di Giuliano de Medici*, 1474). Darin lässt er (die namentlich nicht genannte) Simonetta als Nymphe auftreten. Giuliano verkündet, dass er der Liebe niemals erliegen werde; doch als er bei einer Jagd die Nymphe erblickt, verliebt er sich rettungslos in sie. Poliziano beschreibt sie unter anderem so: »Die Locken ihres goldnen Hauptes / fallen auf eine Stirn so demütig erhaben«.[2] Das sich lösende Haar erinnert auch an jenes Gorgonenhaupt, das Simonetta im Gedicht später vor sich hält, um den verliebten Giuliano abzuwehren. Doch vergeblich: er besiegt sie und nimmt ihr auch das Gorgonenhaupt ab. Auf Botticellis Gemälde sieht man bereits, dass sich bald die ganze Haarkrone aufgelöst haben wird, und dann wird das Mädchen selbst zu einem Orkan geworden sein. Ein zum Leben erwachtes Gorgonenhaupt. Diese noch nicht sichtbare, erst zu erahnende völlige Auflösung macht sie zutiefst erotisch. Diese Erotik ist so durchdringend, dass sogar vage Spuren schlummernder Hysterie in ihr zu entdecken sind. Ihr Blick verrät aber auch, dass sie bereits ahnt, dass sie am 26. April 1476, dreiundzwanzigjährig, sterben wird.

Der Junge, Giuliano, der jüngere Bruder des

großen Lorenzo de' Medici und vermutlich auch Simonettas Geliebter, betrachtet sie mit geschlossenen Augen. Ja, er betrachtet sie – denn er schließt die Augen nicht nur, sondern vermeidet es nachdrücklich zu schauen. Als wolle er sich ihrer latenten Hysterie entziehen. Oder nicht zur Kenntnis nehmen, dass seine Liebe bald sterben wird – wie er selbst auch. Er wird am 26. April 1478, fünfundzwanzigjährig, auf den Tag genau zwei Jahre nach ihrem Tod, ermordet werden. Sein Nichtschauen macht ihren schweren, kalten und doch glühenden Blick so vielsagend. Während der eine sehend nicht sieht, sieht die andere nichtsehend. Ihre Blicke treffen sich auf Francesco di Giorgio Martinis leerem, erstarrtem Stadtplatz. Wenn sie wollten, könnten sie diese vollkommene Stadt mit ihren Blicken in Trümmer legen.

* * *

Der Heilige Augustinus war der Ansicht, im »Erdenstaat« gäbe es zwei Arten von Bildern. Die eine bezeugte seine eigene Gegenwart, die andere verwiese auf die himmlische Stadt. Er glaubte, dass die von der Sünde befreiende Gnade auch inmitten der infolge des Sündenfalls verdorbenen Natur waltete. Übertragen auf die geplanten und erbauten Städte bedeutet dieser Gedanke, dass die Struktur der idealen,

»himmlischen« Stadt auch in der Struktur der unordentlichsten, also »menschlichsten« Städte noch zu finden ist. Die Makellosigkeit inmitten der Hinfälligkeit, die Sterilität inmitten der Abnutzung. Das gilt aber auch umgekehrt. Denn es gibt keine Vollkommenheit, in der sich nicht früher oder später auch die Hinfälligkeit bemerkbar machte, kein Verlangen nach Endgültigkeit, das nicht irgendwann mit seinem eigenen Scheitern konfrontiert würde. 1932 wurde in der Sowjetunion, westlich des Urals, die Stadt Beresniki gegründet. Die riesigen, unterirdischen Kalisalzlager wurden in einem der größten Chemiekombinate der Welt aufgearbeitet, das Zehntausende von Gefangenen aus den Konzentrationslagern der Umgebung erbaut hatten, darunter auch der damals über zwanzigjährige Warlam Schalamow, der später zu einem der größten Schriftsteller des Jahrhunderts werden sollte. »Die Stadt des Lichts« sollte den Ruhm des ersten Fünfjahresplans für alle Zeiten verkünden.[3] Da die Stadt auf dem Bergwerk selbst erbaut worden war, verwandelte sie sich bis zu den ersten Jahren des einundzwanzigsten Jahrhunderts in einen der größten Friedhöfe der Welt: an immer neuen Orten bricht unter der Stadt die Erde ein, und die tiefen, mehrere Hundert Meter großen Gruben verschlucken private wie öffentliche Gebäude. Die Stadt des Lichts hat sich in eine irdische

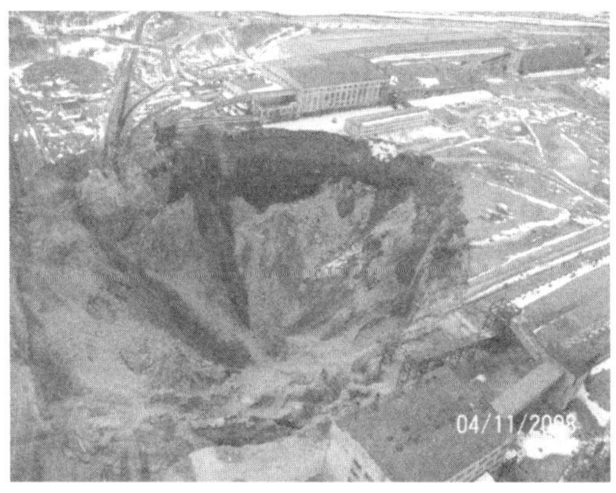

Hölle verwandelt. Wie die Pläne Stalins wollten kurz darauf, in den dreißiger Jahren, auch die Bauten Albert Speers die Ewigkeit bestürmen und den »Gottesstaat« hierher, in die menschliche Welt, verlegen. Das verkündete kein anderer als Hitler selbst, und zwar auf der Nürnberger Großversammlung, die auf dem von Speer erbauten, fast schon unaussprechlichen Reichsparteitagsgelände abgehalten wurde: »die gewaltigen Bauwerke … werden mithelfen, unser Volk politisch mehr denn je zu einen und zu stärken, sie werden gesellschaftlich für die Deutschen zum Element des Gefühls einer stolzen Zusammengehörigkeit, sie werden sozial die Lächerlichkeit sonstiger irdischer Differenzen gegenüber diesen gewaltigen gigantischen Zeugen unserer Gemeinschaft beweisen«.[4] Keine zwei

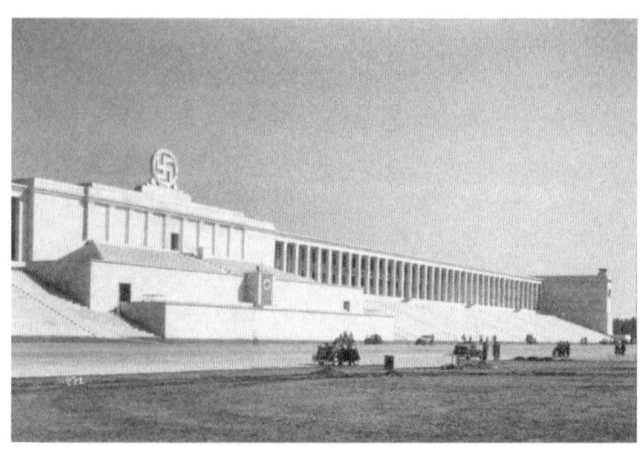

Jahrzehnte später hatten sich die noch übriggebliebenen Gebäude in Denkmäler der Wüste verwandelt; auf dem marmorbedeckten Aufmarschgelände der Nürnberger Parteitage wuchs bald Gras, in den Büschen lagen Abfälle und Tausende weggeworfener Präservative, die Marmorplatten der Tribünen waren abgebrochen und teilweise abgetragen worden. Der »irdische« Unterschied, also das Leben, hatte gesiegt. Aber nicht nur indem es lebte, sondern indem es alles, was von vornherein so errichtet worden war, dass es nie zur Ruine werden könne, in Ruinen verwandelte.

Inmitten der vollkommenen Makellosigkeit waltet die Ruine, die Zerstörung. Wie ein Wasserzeichen schimmert sie durch die Struktur der Bauten hindurch, die für die Ewigkeit gedacht waren.

Es fällt beim Betrachten von Martinis Gemälde schwer, diese makellose Stadt nicht von der Zukunft her zu sehen: von jener späteren historischen Entwicklung her, die Ruine auf Ruine türmte, bis das unaufhörliche, für die ganze Menschheitsgeschichte charakteristische Ruinenbauen im zwanzigsten Jahrhundert seinen Höhepunkt erreicht zu haben schien. Das zwanzigste Jahrhundert mit seinen bis dahin unvorstellbaren Greueltaten zerstörte nicht etwas, das früher »ganz«, »makellos« erschien, sondern im Gegenteil: Es vollendete es. Denn die Geschichte war, mit Hegel gesprochen, immer schon ein Schlachthaus; und die Ruinen, angefangen mit den Griechen und Rom über die Tempelruinen Kambodschas bis hin zu den Ruinen der Aztekenzivilisation, sind stets Spuren des keineswegs friedlichen Untergangs der Zivilisationen. Ruinen seien, so Georg Simmel in seinem schönen Essay über die Ruine, Ausdruck einer kosmischen Tragödie, die davon kündet, dass die Natur sich am Geist dafür rächt, dass er sie durch seine Bauwerke vergewaltigt und ihr seine eigenen Vorstellungen aufgezwungen hat. Die Natur nimmt gleichsam ihr Recht zurück, und die Ruinen wirken mit der Zeit, als hätten sich die menschlichen Bauwerke in Naturformationen verwandelt.[5] Man hat beim Betrachten der Ruinen das Gefühl, als wäre die Geschichte an einem bestimmten Punkt jäh abgerissen. Im zwanzigsten Jahrhundert spricht Elias Canetti von dem quälenden Gefühl, dass die Geschichte ihren realen Charakter verloren habe: »Eine peinigende Vorstellung: dass von einem bestimmten Zeitpunkt ab die Geschichte nicht mehr wirklich war. Ohne es zu merken, hätte die Menschheit insgesamt die Wirklichkeit plötzlich verlassen; alles was seither geschehen sei, wäre gar nicht wahr; wir könnten es aber nicht merken.«[6] Canetti hat einen bestimmten Zeitpunkt am Ende des neunzehnten oder am Anfang des zwanzigsten Jahrhunderts im Sinn. Die Millionen noch erhalten gebliebener Ruinen der Geschichte gemahnen jedoch, dass sich dieser Zeitpunkt weder zeitlich noch räumlich lokalisieren läßt. Denn es gehört zur Realität der Geschichte, dass sie stets den Eindruck erweckt, nicht mehr real zu sein; ihre Unmöglichkeit, ihre Absurdität sind untrennbar mit ihr verbunden. Nicht nur weil sich die Geschichte ständig fortlaufend selbst eliminiert und vernichtet. Sondern auch weil es keinen historischen Prozess gibt, bei dem sich nicht ein Seinszustand bemerkbar machte, in dem es vom Menschen, ja vom Leben selbst keine Spur mehr gibt, jener Zustand, der der Geschichte vorausgeht oder auf sie folgt. Dieser Seinszustand lässt sich nicht einmal als Geschichte bezeichnen. Er durchfärbt die Ereignisse des menschlichen

Schicksals, lauert als Ahnung der unendlichen Vergeblichkeit in allem, was der Mensch unternimmt. Das kann das Gefühl wecken, dass die ältesten Ereignisse der Geschichte und die heutigen parallel, ja zeitgleich verlaufen, dass das, was sich vor uralter Zeit abgespielt hat, auch heute geschieht, und das, was heute ist, nur die endlose Spiegelung des Einstigen ist. Jedes Ereignis ist einzigartig, jeder Anfang einmalig und jedes Ende ausschließlich, und doch wiederholt sich alles ständig, unaufhörlich.

* * *

Giorgio Martini malte diese Idealstadt natürlich nicht, um den Betrachtern seines Bildes seine Überlegungen zur Geschichte mitzuteilen. Im Gegenteil: Er war auch Architekt und wollte entsprechend einer damals überaus verbreiteten Malpraxis eine sogenannte Idealstadt entwerfen. Wie seine Zeitgenossen gab auch er sich geradezu genüsslich der Aufgabe hin, die damals neu aufkommende geometrische, perspektivische Darstellungsweise zu perfektionieren. Er übte sich nur an der Technik, doch gelangte er dabei zu einer Frage, die keineswegs rein technischer Natur war. Sie erschütterte die bis dahin vorherrschende Sicht der Welt in ihren Grundfesten.

Die perspektivische Darstellung setzt nicht

nur einen Blickpunkt voraus, von dem man den Anblick, der vor einem liegt, betrachtet, sondern auch einen Fluchtpunkt, in dem die fliehenden Linien des Bildes zusammenlaufen und der unendlich weit weg ist. Obwohl man diesen Fluchtpunkt in der Wirklichkeit nie zu sehen bekommt, gäbe es ohne ihn auch keine perspektivischen Verhältnisse. Brian Rotman setzte den Fluchtpunkt mit der Null gleich und deutete ihn folgendermaßen: »Wie die Null besitzt er eine sehr spezifische Doppelrolle. Als Zeichen unter Zeichen wirkt er intern als ein beschreibendes Zeichen auf derselben Ebene wie andere solche Zeichen. Dementsprechend repräsentiert er wie sie einen definierten Standort innerhalb der durch den Fensterrahmen wirklich erlebten physischen Szene. Einen Standort, der jedoch dadurch, dass er unendlich weit in der Ferne liegt, durch eine Person oder ein jegliches physisches Objekt uneinnehmbar ist [...] Seine Bedeutung kann, mit anderen Worten, nur aus dem Prozess des Abbildens selbst zurück verfolgt werden.«[7]

Die Linien der perspektivischen Konstruktion laufen in dem unendlich weit entfernten Fluchtpunkt zusammen, der als unsichtbares Loch in der Bildmitte erscheint – ein Loch, in dem alles nichtig, also unsichtbar wird. Dieses Loch ist natürlich nicht zu sehen, es lässt sich nur erschließen. Das ändert nichts daran, dass es sehr wohl existiert; derart, dass ich, wenn ich einen gedachten Betrachter auf jenen fernen Fluchtpunkt stelle, von dort aus gesehen selbst unendlich fern, unsichtbar, nicht existent werde, jemand, dessen Existenz nur erschlossen werden kann. Darin zeigt sich das große Paradox der perspektivischen Konstruktionsweise, dass nämlich der Betrachter des Bildes einerseits eine Stellung einnimmt, die früher Gott vorbehalten war: Er sieht alles, insofern er seine eigene Sehweise als notwendigerweise ausschließlich, »objektiv« hinstellt. Andererseits ist er ein Fluchtpunkt, dessen Existenz nichts als ein in die perspektivische Darstellung hineinkomponierter, unendlich ferner und kleiner Punkt ist. Während der Bildbetrachter (vor dem Bild stehend) die Darstellung »von hier aus« betrachtet, kann er am virtuellen, »jenseitigen Ufer« des perspektivisch konstruierten Anblicks sich selbst als negativen Abdruck seines Ichs, als »Traumkopie« erblicken.

Das Ergebnis ist ein Anblick, wie man ihn in der Wirklichkeit nie zu sehen bekommt. Obwohl die perspektivische Konstruktion den im gewöhnlichen Sinn verstandenen Anblick möglichst genau wiedergeben will, entfernt sie sich gerade von diesem natürlichen Anblick immer mehr. Denn im Leben sehe ich nie einen Fluchtpunkt, nie gerade Horizonte, nehme ich die Größenverhältnisse anders wahr. Und überhaupt: Der Anblick liegt nicht *vor* mir, sondern *um* mich *herum*. Da ich selbst in dem bin, was ich sehe, sehe ich alles nicht bloß mit den Blicken, die ich darauf richte, sondern mit meinem ganzen Körper. Ich kann mit meinem Sehen den Gegenstand, den ich betrachte, nicht aus seiner Umgebung herausreißen, die Umgebung hingegen, wie das Wort schon besagt, umgibt mich. Ich sehe einen Gegenstand, sehe aber auch unendlich mehr. Sogar das, was hinter meinem Rücken ist. Was meine Augen nicht sehen, »sieht« mein Körper. Und auch das, worauf sich meine Augen richten, ist unbeständig, denn der Blick kann nicht zur Ruhe kommen, ist unablässig in Bewegung, wandert hin und her. Und wenn ich meinen Blick noch so beharrlich auf ihn richte, der Gegenstand ändert sich von Augenblick zu Augenblick. Sogar die Zeit kann ich darin sehen. Beziehungsweise die Zeit lässt ihn so aussehen, wie er ist.

Eine streng perspektivische Darstellung besagt also nicht etwas über den Ausschnitt der Welt, der auf dem Bild zu sehen ist, sondern über das Denken dessen, der das, was er als Anblick gewahrt hat, so gemalt oder gezeichnet hat. Giorgio Martinis Gemälde verrät mehr über seine Denkweise als über die Stadt, die er gemalt hat. Ich erkenne darin, dass er die Wirklichkeit durch das Netz einer sich von der konkreten Wirklichkeit abstoßenden, abstrakten Ratio zu sehen begann. Und wie so oft, wenn ich etwas so sehen möchte, wie ich es gern hätte, werde ich es nach einer Weile tatsächlich so sehen. In den darauffolgenden Jahrhunderten wird die neuzeitliche Malerei die Welt durch einen Raster sehen – und sehen lassen –, der sich vom tatsächlichen Sehen und der konkreten Wirklichkeit entfernt hat. Und das Geheimnis ihres Erfolgs beruht darauf, dass der moderne Europäer die Welt von vornherein so sehen möchte. Nicht in ihrer Ganzheit, ihrer pulsierenden Lebendigkeit, ihrer unaufhörlichen, amöbenartigen Wandelbarkeit, sondern als eine ständige Aneinanderreihung von Ausschnitten und Segmenten. So ist sein Sehen, so ist sein Denken geworden. Und dem passt er alles um sich herum an.

Ohne das perspektivische Sehen würde der Mensch wahrscheinlich zu Grunde gehen oder zumindest lebensunfähig werden. Wie übrigens auch das Tier. Wahrscheinlich aber hat nur der Mensch die Fähigkeit in sich ausgebildet, ausschließlich perspektivisch zu sehen. Das kann jedoch nur auf Kosten des ganzen Sehens geschehen. Er sei umsichtig, sagt man über jemanden, der sich bemüht, die Dinge, ob Gegenstände, Lebenssituationen oder auch abstrakte

Gedanken, von allen Seiten zu prüfen. Wer das nicht tut, wird als ein Mensch mit Tunnelblick bezeichnet. Medizinisch bedeutet das eine Einengung des Blickfeldes. Das Blickfeld ist aber auch der Raum des Denkens: gleichsam durch sein Sehen deutet der Mensch die Welt. In diesem Sinn gleicht das neuzeitliche Sehen dem Tunnelblick. Der moderne Mensch ließ seine ganzheitliche Sicht gleichsam bewusst verkümmern, ließ sich freiwillig beschneiden und versucht sein Sehen, sein Fühlen und sein Denken in ein einziges möglichst enges Flussbett umzulenken. Dabei ist ihm die digitale Kultur in einem noch nie gekannten Maß behilflich. Er verzichtete auf etwas – im Banne von etwas Neuem, noch nie Gesehenem. Auf das ganze Leben – zugunsten des verstümmelten Lebens. Er wandte sich von dem ab, was man mit einem platonischen Ausdruck als das »wirklich Seiende« bezeichnet – und richtete seinen Blick mit geradezu masochistischem Genuss auf etwas, was John Keats und später Kafka das »tödliche Leben« nannten.

* * *

Es ist durchaus folgerichtig, dass zeitgleich mit der Verbreitung der perspektivischen Darstellung auch die ersten großen europäischen Utopien entstanden. Aber auch aus diesen Utopien erfährt man nicht in erster Linie etwas über die Zukunft, sondern über das Denken jener, die sie ersonnen haben. Denn Utopien sind von vornherein Reflexionen ihrer eigenen Gegenwart. In ihnen erscheint das, was ihre Verfasser in ihrer jeweiligen Gegenwart vermissen, in ihnen »korrigieren« sie das, was sie in der gegebenen Wirklichkeit als schlecht erachten. Sie versuchen das »Durcheinander« des Lebens durch »Ordnung« zu korrigieren. Indem die Utopie eine Zukunft aufzeichnet, die es nicht gibt, vermittelt sie Gefühle, die sich auf die gegebene Wirklichkeit beziehen – ohne sie jedoch anzusprechen. Und damit verdrängt sie sie zum Teil. Auch Giorgio Martinis Gemälde ist durchdrungen vom kaschierten Missmut des Malers. Die Melancholie des Bildes geht mit einer Abwehrhaltung einher. Hinter der scheinbaren Neutralität verbirgt sich ein Geflecht von Gefühlen und Spannungen, in dem man sich allzu leicht verfangen kann.

Als Giorgio Martini diesen Ort malte, schien er einen Ort der Utopie zu malen. Dieser unterscheidet sich jedoch nicht wesentlich vom Jenseits. Denn die Stadt ist nicht nur reglos und leer, sondern auch tot. Obwohl sich die Architekturtradition, der Martini folgte und die er als Architekt auch in der Praxis umsetzte, ausdrücklich die Verbesserung, die Veredelung der Lebensumstände zum Ziel gesetzt hatte. Seitdem Platon über die versunkene Stadt Atlantis geschrieben und dabei nicht nur das dortige Leben vorgestellt, sondern auch die Struktur der Stadt beschrieben hatte, war die Idee der »Idealstadt« stets an die Vorstellung von Vollkommenheit geknüpft. Hippodamos im fünften Jahrhundert v. Chr. war sowohl Stadtplaner als auch Staatstheoretiker[8], und nach dem Prinzip des von ihm erarbeiteten sogenannten Hippodamischen Schemas wurden die Straßen der Stadt orthogonal angelegt. Die Verteilung der quadratischen, gleich großen Grundstücke entsprach der demokratischen Organisation der Stadt, in den typisierten, in Doppelreihen erbauten Häusern kam das allgemeine Streben nach gleicher Verteilung (Isonomie) zum Ausdruck.[9] Die Menschen sollten nicht nur irgendwo leben, vielmehr sollte sich die räumliche Anordnung ihrer Wohnorte nach einer bestimmten metaphysischen Ordnung richten. Die praktischen Lebensbedingungen sollten mit einem zuvor erdachten Plan im Einklang stehen.

Die Stadtentwürfe in den ersten Utopien der Neuzeit (Thomas Morus 1516, Campanella 1602, Francis Bacon 1627) hatten, auch wenn sie an die mittelalterliche Vorstellung des Himmlischen Jerusalems anknüpften, weniger die göttliche als vielmehr die diesseitige Ordnung vor Augen. 1516 schrieb Thomas Morus in *Utopia*: »Wer *eine*

Stadt kennt, kennt *alle*: so völlig ähnlich sind sie einander.«[10] Morus' Utopie stellt eine bis heute ebenso attraktive wie abschreckende Herausforderung dar. Das Ziel ist die Erlösung des Lebens, doch der Weg dorthin führt über die Verleugnung des tatsächlichen Lebens. Nachdem Lenin 1919 die »neuen Modalitäten des Lebens« verkündet hatte, lag der Eindruck nahe, die Architekten hätten das Buch von Morus zur Hand genommen. Und wenn nicht das, dann gewiss jenes von Campanella, schließlich war der *Sonnenstaat* in der Sowjetunion der zwanziger Jahre eine außerordentlich beliebte Lektüre gewesen. Im Banne der Kollektivierung wurden in Moskau einheitliche Wohnhäuser entworfen, in denen jede Familie zwar eine eigene Wohnung besaß (die natürlich alle den gleichen Grundriss hatten), deren Konstrukteure aber dennoch bemüht waren, der »Isolation« der Familien ein Ende zu setzen: die Küchen, Badezimmer, Waschräume waren gemeinsam, ebenso die »Wohnzimmer«, sofern die Familien gezwungen waren, sich viel in großen, gemeinsamen Räumen aufzuhalten.[11] Nachdem 1951 nahe der südfranzösischen Stadt Mourenx unweit der Pyrenäen große Mengen Erdgas entdeckt worden waren, baute man 1958 (nach den Plänen der Architekten René André Coulon, Philippe Douillet und Jean Maneval) ein neues Stadtviertel für

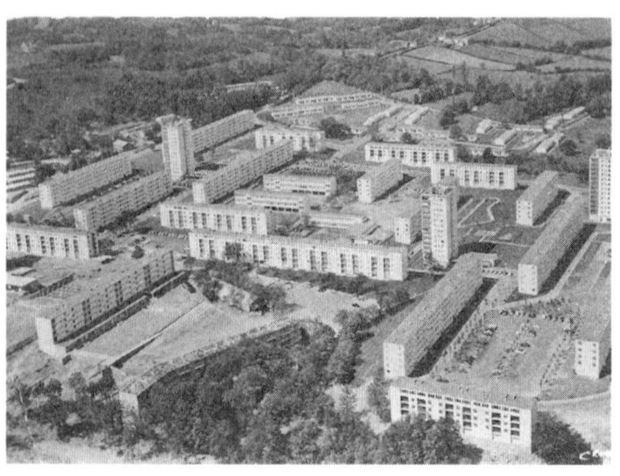

12 000 Menschen, das ausdrücklich in Anlehnung an die Struktur der Fabrikgebäude geplant wurde: die Arbeiter wohnten in Wohnblöcken, die Aufseher in Türmen und die Leiter in Villen.[12] In diesem vermeintlich idealen Stadtviertel konzentrierten sich die für die Produktion nötige Arbeitskraft und Wissen. In manchen anderen weckte diese Konzentration jedoch schlimmste Erinnerungen. Die internationalen Situationisten etwa sahen darin ein »Konzentrationslager für die Organisation des Lebens«.[13]

Das Ziel ist die Regulierung des Lebens, die Ausschaltung aller unberechenbaren Elemente. Also die Kontrolle. Als führe man Krieg gegen das Leben. Alberti, Filarete oder eben auch Francesco di Giorgio Martini, die großen Architekturtheoretiker der Renaissance, gelangten bei ihren Stadtentwürfen stets zu Militärbauten –

zum Entwurf von Festungen, Türmen, Mauern. Martini selbst beschreibt in seiner Abhandlung *Trattato di architettura* detailliert, wie eine ideale Festung zu erbauen sei, und entwirft auch eine – strahlenförmige – Idealstadt. Die geometrisch regelmäßige, strenge und rationale Anordnung der Kreise und Vierecke weckt unweigerlich Phantasiebilder von der Vergewaltigung des Lebens. Nicht zufällig sieht man auf erhalten gebliebenen Bildern idealer Städte nie eine Spur organischen Lebens. Man könnte natürlich sagen, diese Städte – etwa die Stadt auf Giorgio Martinis Gemälde – seien keine realen Stadtbilder, sondern lediglich Vorschläge und Wegweiser. Aber indem sie die Unverderblichkeit hier, in der vergänglichen irdischen Welt nachweisen wollten, opferten sie unweigerlich die Zeit der Zeitlosigkeit. Und damit das Leben dem Tod. Von Alberti blieb ein Entwurf erhalten, den er für die Festung eines Despoten angefertigt hatte: Er besteht aus ineinander verkeilten, regelmäßigen, quadratischen Bauten, die an allen vier Ecken jeweils einen Turm haben und durch Mauern und Wassergräben voneinander getrennt sind. Der Despot thront in der Tiefe des Ganzen wie eine Spinne inmitten ihres Netzes. In einem solch perfekt geplanten Bau werden später einmal Sades Helden in den *Hundertzwanzig Tagen von Sodom* wohnen und dort, abseits der Welt, ihre Verbrechen begehen. Der Weg zum Schloss, das sie samt ihren Opfern beziehen, führt durch einen riesigen, dunklen Wald. Fünfzehn Meilen müssen sie zu einem hohen Berggipfel hinaufsteigen, mit Abgründen zu beiden Seiten. Am Gipfel erwartet sie ein riesiger, tausend Fuß tiefer Abgrund, nur über eine Holzbrücke kann man in das tief unten liegende Schloss gelangen. Nachdem sie die Brücke überquert haben, reißen sie sie hinter sich ab. Das Schloss in der Tiefe ist von einer dreißig Fuß hohen Mauer umgeben; hinter der Mauer verläuft ein tiefer Wassergraben, erst nachdem man diesen überquert hat, gelangt man in den Schlosshof. Auch hierbei handelt es sich um ein utopisches, ideales Gebäude. Das suggestivste Porträt Sades schuf 1940 Man Ray (*Portrait imaginaire de D.-A.-F. de Sade*): Den Kopf modellierte er aus riesigen Ziegelsteinen – denselben, aus denen auch der im Hintergrund des Bildes befindliche Gefängnisbau der Bastille erbaut worden war. Dieser Kopf ist ein architektonisches Meisterwerk. Das Gefängnis im Hintergrund erinnert an die Gefängnisentwürfe der Renaissance; und Sades Kopf an die ägyptischen Pyramiden. Auf diesem Bild steht Sade für den lebenden Tod. Schon hier, in diesem Leben steht er für den Tod – für das, was am notwendigsten ist, was unvermeidlich ist, was keine Zufälle

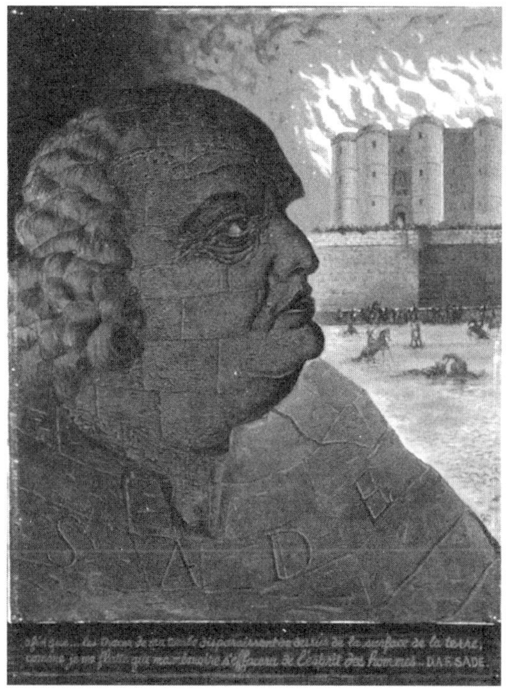

kennt, was nicht ausgespielt, nicht getäuscht werden kann. Am perfektesten ist das, was den Zufällen des Lebens nicht unterworfen ist. Das ist der Tod.

Zu diesen utopischen Festungen einschließlich des Schlosses von Sade passt das, was einst Hegel über die Pyramiden, die langlebigsten aller Grabmäler, geschrieben hat: Die Pyramiden »sind ungeheure Krystalle, welche ein Inneres in sich verbergen, und es als eine durch die Kunst produzierte Außengestalt so umschließen, daß sich ergibt, sie seyen für dieß der bloßen Natürlichkeit abgeschiedene Innere und nur in Beziehung auf dasselbe da. Aber dieß Reich des Todes und des Unsichtbaren, das hier die Bedeutung ausmacht, hat nur die eine und formelle Seite, welche zum wahrhaften Kunstgehalt gehört, nämlich dem unmittelbaren Daseyn entrückt zu seyn [...] Deshalb bleibt die Gestalt für solch ein Inneres eine dem bestimmten Inhalt desselben ebensosehr noch ganz äußere Form und Umhüllung. Solch eine äußere Umgebung, in der ein Inneres verborgen ruht, sind die Pyramiden.«[14] Die Pyramiden scheinen außerhalb der Zeit zu stehen – Ernst Bloch sah in ihnen lauter »Todeskristalle«, deren bestimmendes Prinzip »die Überstarre« sei.[15] Dabei sind sie sprichwörtlich Stein gewordene Machtvorstellungen.

* * *

Auch in den utopischen Entwürfen der sogenannten französischen Revolutionsarchitekten im achtzehnten Jahrhundert scheint zunächst die Zeitlosigkeit bestimmend zu sein. Vertieft man sich aber in die Entwürfe, zeigt sich, dass die Zeit in ihnen sehr wohl arbeitet – als Angst. Es war die Angst vor der Zeit, der Vergänglichkeit, was diese Architekten zu Besessenen der Idee der Zeitlosigkeit werden ließ. Wären die

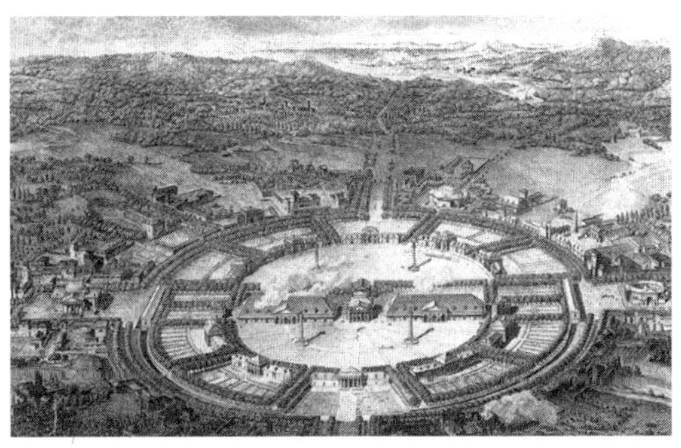

Gebäude Ledoux' oder Bouillées je verwirklicht worden, wären sie in erster Linie Denkmäler ihrer Konstrukteure geworden. Aus ihren Entwürfen kann man ihre Unzufriedenheit mit der Welt herauslesen. Man sieht in ihnen, welche Vorstellung sie von der Welt hatten, und das wiederum verrät, was sie in ihr vermissten. Diese Entwürfe nehmen weder auf die Umgebung Rücksicht noch auf die Bedürfnisse, die Lebensumstände der Menschen, die diese Gebäude benutzen sollen. Sie stellen ihre eigenen Vorstellungen allem, was ist, entgegen. Sie strahlen eine gleichsam despotische Einstellung aus – sie vergewaltigen das Leben. Im Entwurf von Ledoux' Idealstadt Chaux dominiert – mit Ernst Bloch gesprochen – die »Militärgeometrie«[16]: sie ist sowohl ein Angriff auf das Leben als auch eine Abwehrhaltung gegen das Leben. Ihr auffälligstes Merkmal ist die Gewalt. Diesen Geist werden später Hausmann, Speer oder die stalinistischen

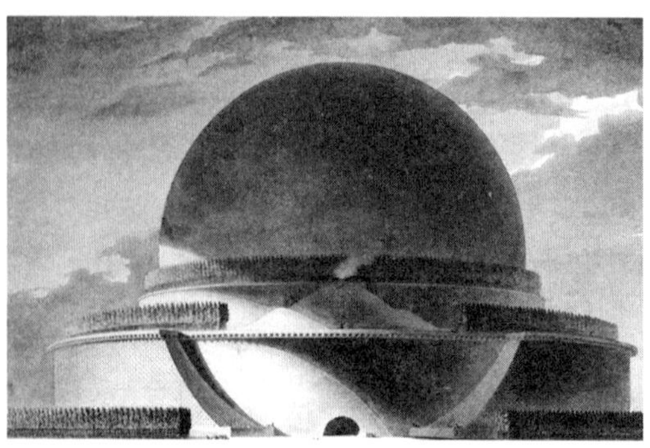

Architekten – mit jeweils eigener Ideologie und jeweils unterschiedlichem Anspruch – durchzusetzen versuchen. Die Monumentalität ihrer Gebäude negiert das menschliche Maß, die beabsichtigte Monotonie die Vielfalt und Vielschichtigkeit des Lebens.

Der spektakulärste Entwurf der französischen Revolutionsarchitekten ist das Grabmal, das Étienne-Louis Boullée 1784, nur ein Jahr bevor der Marquis de Sade als Gefangener der Pariser Bastille unweit seines Ateliers *Die Hundertzwanzig Tage von Sodom* schrieb, zum Gedenken an Newton entwarf. Boullée wollte Newton ins Reich der Unsterblichkeit erheben und konstruierte zu diesem Zweck eine riesige Kugel, deren hohles Inneres das Grab beherbergen sollte. »Hier sind die einzigartigen Vorteile dieser Form: wohin man auch immer blickt (wie in der Natur), man gewahrt nur eine fortlaufende

Oberfläche – ohne Anfang, ohne Ende –, und je mehr man sich in ihr bewegt, desto größer wird sie [...] Frei und abgesondert von allen können [des Betrachters] Blicke sich nur der Unendlichkeit des Himmels zuwenden. Das Grabmal ist der einzige materielle Gegenstand.«[17] Boullée wollte mit diesem Grabmal Newtons Unsterblichkeit zum Ausdruck bringen. Stattdessen weckt die riesige Kugel auf dem Entwurf das bedrückende Gefühl des Todes, der absoluten Verlassenheit.

Zwanzig Jahre früher, 1764–66, wurde nach den Plänen Giovanni Battista Piranesis die Kirche Santa Maria del Piorato in Rom umgebaut – der einzige Entwurf Piranesis, der je realisiert wurde. Die Vorderansicht des Altars zeigt die Madonna mit dem Jesuskind, die Rückansicht die Statue des Heiligen Basilius, die von einer großen Kugel gehalten wird. Nach Meinung des italienischen Architekturhistorikers Manfredo Tafuri sind die beiden Seiten des Altars nicht voneinander zu trennen: die Vorderseite zeigt den pathetischen Triumph des Glaubens, die Rückseite dagegen die Entleerung der Transzendenz, die Entsakralisierung des Universums. Die »Stille der Architektur« komme in dieser Kugel zum Ausdruck, schreibt er.[18] Diese Stille – die Stille des unendlichen Universums – strahlen auch Boullées Newton-Denkmal oder die

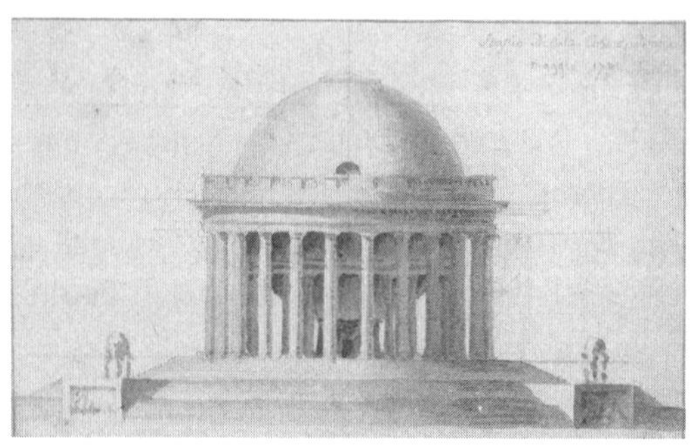

(nie gebauten) kugelförmigen Häuser aus, die 1783 Antoine Laurent Thomas Vaudoyer (*Haus eines Kosmopoliten*) beziehungsweise 1791 Jean-Jacques Lequeu (*Kirche der Gleichheit*), ihrerseits Revolutionsarchitekten, entworfen hatten. Der gigantischste Ausdruck des Wunsches nach architektonischer Verwendung der Kugel ist jedoch Albert Speers Entwurf von 1939. Wäre die riesige, halbkugelförmige Kuppel der Volkshalle beziehungsweise Ruhmeshalle je erbaut worden, hätte sie 150 000 Menschen aufnehmen können, unter der 320 Meter hohen Kuppel hätte sogar der Eiffelturm Platz gehabt.

Speer hatte die Kugel ausschließlich den Deutschen zugedacht. Vaudoyer dagegen allen Menschen. Beide praktizierten auf je eigene Weise die Ausgrenzung: der eine wollte das Universelle ausgrenzen, der andere das Individuelle. Obwohl die Kugel eigentlich gerade die Ganzheit symbolisieren sollte. Hier ist die Ganzheit jedoch die er-

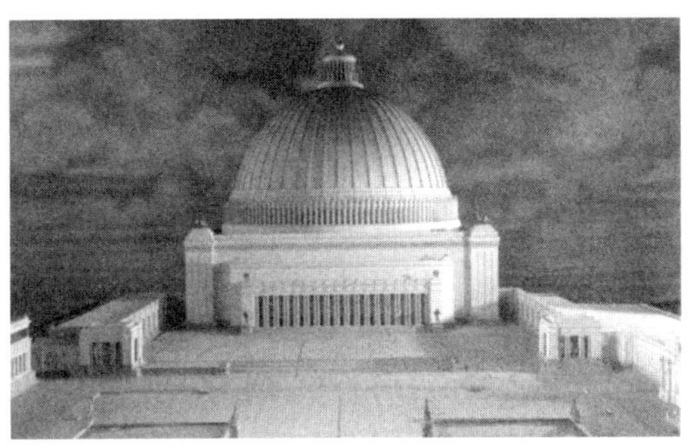

sehnte Ganzheit einer das Leben vergewaltigenden Ratio. Kein Wunder, dass Boullée den *Tempel der universellen Vernunft* ebenfalls kugelförmig entwarf. Doch welchen der drei Entwürfe man auch betrachtet, er erweckt den Eindruck, als hätte sein Architekt im Grunde seines Herzens die Halle des Todes erbauen wollen. Eine Nekropolis. Alle drei spannten die Ratio bis zum Äußersten, bis sie schließlich in Wahnsinn umschlug. 1784, im Jahr des Newton-Grabmals, wurde in Wien auch der Narrenturm gebaut, der eine vollständige Überwachung der Kranken gewährleistete. Dieser fünfstöckige, kreisförmige Bau verdankte seine reduzierte geometrische Form Josef Gerl, die Ausführung beaufsichtigte jedoch Isidor Canevale, ein in Wien tätiger französischer Architekt. Auch er war ein Vertreter der französischen Revolutionsarchitektur.

* * *

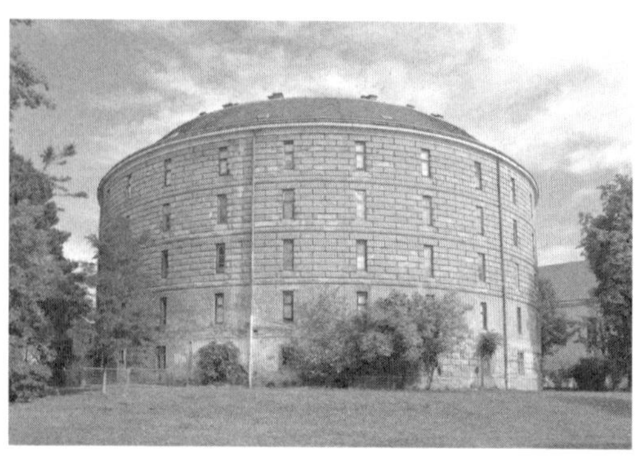

Vom Narrenturm war es nur noch ein Schritt zu Jeremy Benthams 1791 veröffentlichtem Entwurf des sogenannten Panoptikums, des perfekt ausgedachten Gefängnisses und Zuchthauses. Am wichtigsten beim Entwurf des Panoptikums war Bentham das Prinzip des uneingeschränkten Sehens und der uneingeschränkten Sichtbarkeit, niemand sollte sich der zentralen Überwachung entziehen können. »Das Gebäude ist kreisförmig angelegt. Die Aufenthaltsräume der Inhaftierten liegen am Kreisumfang […] Der Aufenthaltsraum des Aufsehers befindet sich im Zentrum […] Die innenliegende Seite der Zelle wird von einem eisernen Gitter geschlossen, so dünn beschaffen, dass der Aufseher jeden Winkel der Zelle einsehen kann.«[19] Auf völlige Transparenz legte Bentham aber nicht nur in den Gefängnissen, sondern auch in anderen Institutionen großen Wert: in den Manufakturen, Nervenheilanstal-

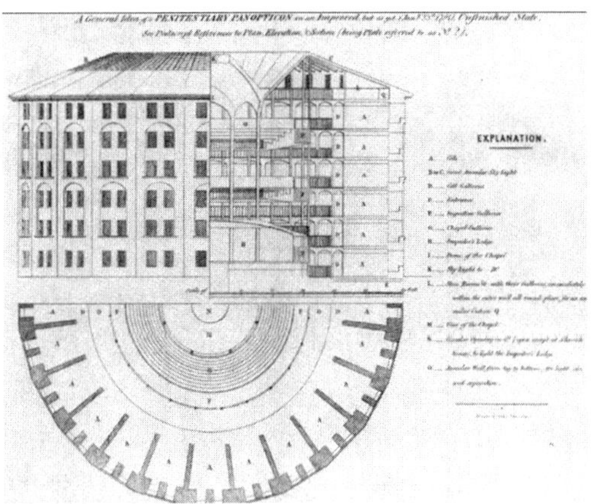

ten, Krankenhäusern und Schulen. »Wesentlich ist […] die zentrale Position, die vom Aufseher eingenommen wird, in Verbindung mit der wohlbekannten und äußerst effektiven Einrichtung, die es ermöglicht, *zu sehen, ohne selbst gesehen zu werden.*«[20] »Zu sehen, ohne selbst gesehen zu werden«: Die Gebäude sollten nach dem Prinzip der göttlichen Allsicht angelegt werden. Nicht umsonst setzte Bentham auf einer Skizze für das Panoptikum ein Dreieck in die Mitte, das sowohl für die Vollkommenheit als auch für die Dreieinigkeit steht.[21] William Reveley, der Architekt, der den Architekturplan nach Benthams Anweisungen ausführte, setzte das Auge Gottes in das Dreieck. Und auf dem Titelblatt der ersten Ausgabe des *Panopticon* wollte Bentham ursprünglich einen Ausschnitt aus

Psalm 139 zitieren: »Wohin könnte ich fliehen vor deinem Geist, / wohin mich vor deinem Angesicht flüchten? / Steige ich hinauf in den Himmel, so bist du, dort; / bette ich mich in der Unterwelt, bist du zugegen. / Nehme ich die Flügel des Morgenrots / und lasse mich nieder am äußersten Meer, / auch dort wird deine Hand mich ergreifen / und deine Rechte mich fassen.«[22]

Das Dreieck und das Auge, die beiden großen Symbole des achtzehnten Jahrhunderts und innerhalb seiner der Aufklärung,[23] gehen in der zweiten Hälfte des achtzehnten Jahrhunderts eine Verbindung ein, bei der sie unter Wahrung ihrer früheren christlich-religiösen Bedeutung den Rationalismus stärken. 1782 erstellte William Barton den Entwurf des Siegels der Vereinigten Staaten, auf dessen Rückseite auf der Spitze einer Pyramide das Auge der Vorsehung zu sehen war, umringt von der Aufschrift: Deo favente perennis.[24] Auch auf der Tafel der am 10. August 1793, zwei Jahre nach dem Entwurf des Panoptikums, veröffentlichten Erklärung der Menschenrechte sieht man oben ein Auge in einem Dreieck. Auf seine Weise ist auch das Panoptikum ein Beispiel aufgeklärten Denkens, dessen Ziel die vollständige Anerkennung der Rechte des Individuums ist; zugleich stellt es aber auch einen Versuch dar, das Individuum als Mitglied einer Gemeinschaft (sei das die Gemeinschaft eines Gefängnisses, eines Krankenhauses, einer Fabrik oder einer Schule) möglichst umfassend zu integrieren, lückenlos in die Gemeinschaft einzugliedern. Mit anderen Worten eine Gemeinschaft entstehen zu lassen, die durch keinerlei Anomalie zersetzt werden kann. Bentham achtete sogar darauf, dass man nicht nur alle Gefangenen auf einmal sehen, sondern mit Hilfe eines komplexen Systems von Rohren auch das leiseste Flüstern hören konnte. Dieses System von Rohren dient sowohl dem Abhören als auch dem Zweck, zentrale Anweisungen verkünden zu können, ohne dass der Wärter seinen Platz verlassen müsste.[25] Benthams Zeitalter besaß eine empfindliche Membran: 1783 veröffentlichte Dom Gauthy in Paris einen Plan, in dem er die Möglichkeit der Verstärkung und Übertragung von Klangwellen erörterte. 1796, nur wenige Jahre später, präsentierte Gottfried J. H. Huth eine phantastisch anmutende Erfindung zur Klangübertragung und nannte sie Telefon.[26] 1792 taufte Claude Chappe ein Gerät zum schnellen Versenden von Buchstaben Tachygraphe, und Joseph Lakanal erfand während der Französischen Revolution den Telegrafen. Auch wenn manches davon nur Plan blieb, dienten all diese Instrumente der Überwindung der Entfernung. Entfernung ließ sich aber nicht nur in Metern messen (auch der Meter-Etalon entstand zu dieser Zeit, nachdem Talleyrand in der Nationalversammlung die Vereinheitlichung der unterschiedlichen Gewichts- und Längenmaße vorgeschlagen hatte). Auch die innere Entfernung, die Entfernung von Mensch zu Mensch, galt es zu überwinden, was früher oder später auch der Gedankenpolizei auf die Welt verhelfen sollte. Es war die Geburtsstunde der Idee der CCTV-Sicherheitssysteme.

Benthams Gefängnisentwurf gelangte in den letzten Jahrzehnten dank Michel Foucault in den Fokus des Interesses: In seinem Buch über das Gefängnis und die Überwachung (*Surveiller et Punir. Naissance de la prison*, 1975) analysiert Foucault das Panoptikum als Symbol neuzeitlicher Machtstrukturen, als etwas, das gleichsam wie in einem Experiment zeigt, wie sich Machtstrukturen in den Seelen einnisten, nicht nur in denen der Unterjochten, sondern auch in denen der Herrschenden. Auf dieser Grundlage zog Foucault auch einen Vergleich zwischen den Plänen der Revolutionsarchitekten und Benthams Panoptikum. Diesen Standpunkt kritisierte der deutsche Kunsthistoriker Christian Welzbacher. Seines Erachtens richteten sich die Revolutionsarchitekten nach dem Denken des aufgeklärten Absolutismus, wogegen das Panoptikum ein Produkt der Aufklärung sei, das ermögliche,

»den Gefangenen als Individuum zu erkennen, ihm Beistand bei der Rückkehr in das Sozialsystem zu gewährleisten und ihn damit umgekehrt auch dem Staat wieder nutzbar zu machen«.[27] Zweifellos spiegeln sich in diesen beiden Architekturformen zwei unterschiedliche Gesellschaftssysteme wider, zweifellos war das Panoptikum verglichen mit anderen Gefängnisgebäuden im damaligen England oder Europa ausgesprochen »human«: die Gefangenen siechten nicht in feuchten, dämmerigen, unterirdischen Zellen dahin. Aber Foucault selbst hat auf die Doppelgesichtigkeit dieses »Humanismus« hingewiesen: als man am Ende des achtzehnten Jahrhunderts Individuen »human« zu behandeln beginnt, »liegt der Grund dafür nicht in einer tief verborgenen Menschlichkeit des Übeltäters, sondern in der notwendigen Regulierung der Gewaltwirkungen. Diese ›ökonomische‹ Rationalität muss die Strafe bemessen [...] ›Menschlichkeit‹ ist der ehrerbietige Name für diese Ökonomie.«[28] Die Aufsicht bedeutet also nicht nur eine paternalistische Fürsorge, die mit Schutzmaßnahmen und der Sicherung der hygienischen Bedingungen einhergeht, sondern auch Überwachung, und zwar weniger des Körpers als vielmehr der Seele.[29]

Es ist mit großer Wahrscheinlichkeit davon auszugehen, dass Bentham die Briefe Lord Chesterfields, des eine Generation älteren, berühmtesten Briefschreibers seiner Zeit, an seinen Sohn, deren vierbändige Ausgabe zu den beliebtesten Büchern des achtzehnten Jahrhunderts gehörte, gekannt hat. In diesen vier Bänden kommt das konsequenteste, aber auch abschreckendste Bild der neuzeitlichen Verhaltenskultur zum Vorschein. Indem Chesterfield seinen Sohn mit unzähligen Ratschlägen versieht, wie er ein nützliches und anerkanntes Mitglied der Gesellschaft werden könne, versucht er ihn zur Fügsamkeit, Anpassung, Eingliederung, also gerade zur Aufgabe seiner Individualität zu erziehen. Obwohl er ein Lord ist, ist er ein Vorkämpfer der bürgerlichen Verhaltenskultur. Diese erzieherischen Briefe sind großartige Beispiele dafür, wie elterliche Fürsorge in Überwachung und schließlich in echten Psychoterror ausarten kann. Der Lord hätte seinen Sohn aus lauter Liebe und vermeintlicher Sorge am liebsten ins Gefängnis eingesperrt und die Rolle des Wärters natürlich selbst übernommen. Während sein erst fünfzehnjähriger Sohn sich mit seinem Erzieher im tausend Kilometer entfernten Leipzig aufhält, droht er ihm aus London mit den Worten: »Ich warne dich ernsthaft, dass ich in Leipzig hundert unsichtbare Spione um dich haben werde, die mir alles, was du tust, und fast alles, was du sagst, genau berichten werden« (30. Juli 1747). Und noch

Monate später wiederholt er: »Verlass dich darauf, dass auf mein Geheiß viele Augen auf dir ruhen« (21. September 1747). Hätte er den Entwurf zu Benthams Panoptikum kennen können, hätte er ihn begrüßt: Statt der »vielen Augen« hätte nun schon ein einziger Blick genügt. Ähnliche Ansichten über die Erziehung hegte auch John Wesley, ein Zeitgenosse Benthams und einer der Gründer der methodistischen Bewegung. Er befolgte damit die Ratschläge seiner Mutter Susanna Wesley, die in einem Brief von 1732 an ihren Sohn ausführlich schildert, nach welchen Prinzipien sie ihre eigenen Kinder (neunzehn an der Zahl!) erzogen habe: »Bis zum Alter von einem Jahr (und manche schon früher) hatten sie bereits gelernt, den Stock zu fürchten und leise zu weinen, was ihnen viel Züchtigung ersparte, die ihnen sonst zuteil geworden wäre; und so war der widerwärtige Lärm weinender Kinder im Haus nur selten zu hören: ja, die Familie lebte in einer Stille, als hätte es die Kinder gar nicht gegeben.«[30] Ein solches Instrument der Selbstdisziplinierung stellt auch das Panoptikum dar: das ultimative Ziel besteht nicht darin, dass der Gefängniswärter die Gefangenen wirkungsvoll überwachen kann, sondern dass diese sich der Gefangenschaft auch ohne Wärter gehorsam, freiwillig fügen.

Bentham dachte nicht nur in isolierten, für

sich stehenden Gefängnisbauten, sondern in ganzen Häuserreihen, die zur Aufsicht dienen und auf quadratischen oder rechteckigen Flächen hochgezogen werden sollten.[31] Unschwer erkennt man hierin die Vorläufer der anderthalb Jahrhunderte später errichteten Wohnsiedlungen – dieser prägnantesten Mittel neuzeitlicher Sklavenhaltung. Und weshalb wirkt die moderne Sklavenhaltung »human«? Weil die Sklaven des modernen Zeitalters im Gegensatz zu ihren Vorfahren von einst die Sklaverei freiwillig auf sich nehmen, ja der Ansicht sind, sie sei für sie ausgesprochen vorteilhaft. Ohne zu klagen tun sie das, was die Welt von ihnen erwartet, halten die von den Medien und der Marktwirtschaft gebotenen Lebensbedingungen für das höchste Gut und richten sich nach ihnen, wie es Chesterfield von seinem Sohn erhofft hatte. Was ist verlockender als das Fehlen des freien Willens! Da bedarf es nicht einmal mehr eines Gefängniswärters, der Mensch bewacht sich selbst.

Was ist das Panoptikum? Michel Foucault beschreibt es als: »das Diagramm eines auf seine ideale Form reduzierten Machtmechanismus; sein Funktionieren, das von jedem Hemmnis, von jedem Widerstand und jeder Reibung abstrahiert, kann zwar als ein rein architektonisches und optisches System vorgestellt werden: tatsächlich ist es eine Gestalt politischer Tech-

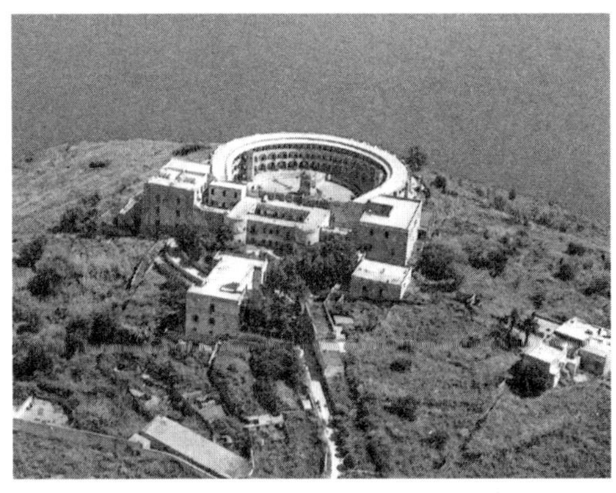

nologie, die man von ihrer spezifischen Verwendung ablösen kann und muss«.[32] Als »reine Architektur« und »optisches System« hätten die nach Benthams Prinzipien errichteten Gefängnisbauten funktioniert – ohne dass ihre Konstrukteure mit Benthams Vorstellungen vertraut gewesen wären. 1795 entstand auf der Insel Santo Stefano in Italien nach den Plänen Francesco Carpis ein Gefängnis mit dem Grundriss eines Panoptikums. Auf jeder Etage des dreistöckigen Gebäudes befanden sich dreiunddreißig Zellen, ein allgemein verständlicher Hinweis, dass es sich nicht einfach um ein Zuchthaus, sondern um das Modell eines Dante'schen Universums handelte. Womöglich galt das für Carpi aber auch umgekehrt: dass auch das Universum selbst ein riesiges Zuchthaus sei. Man müsse vielleicht gar kein Gefangener sein, um hier das

Gefühl zu haben, im Angesicht des universellen Auges zu sein, das alles sieht, ohne selbst je gesehen zu werden.

Jeremy Bentham entwarf die Idee des Panoptikums in Krytschau in Weißrussland, wo sein Bruder Samuel als Architekt im Dienste Fürst Potemkins arbeitete. Zu Hause in England gelang es Jeremy nicht, das Panoptikum zu bauen; Samuel in Russland hingegen schon. Im Auftrag Zar Alexanders I. entstand 1807 in Sankt Petersburg nach seinen Plänen die »Panoptical School of Arts«, die 1818 niederbrannte. Die erhalten gebliebenen Zeichnungen belegen, dass das Gebäude nicht nur den Prinzipien des Panoptikums in jeder Hinsicht entsprach, sondern in gespenstischer Weise auch einige die Macht repräsentierende Gebäude der Sowjetunion, etwa die Lomonossow-Universität in Moskau, vorwegnahm.[33] Im Zusammenhang mit diesem Bau richtete Bentham einen Brief an Admiral Tschichatschow mit der Bitte um Weiterleitung an den Zaren. Im Brief steht unter anderem: »Da sie dem Blick der obersten Autorität oder gar der Höchsten Macht selbst [Derzhavnoi samoi vlasti] ständig ausgesetzt sind, werden alle Aufseher und alle an der Institution Beteiligten, um keinen schlechten Eindruck zu erwecken, sich gezwungen sehen, ihre Tätigkeit in höchster Perfektion auszuüben.«[34] Für die absolutistische

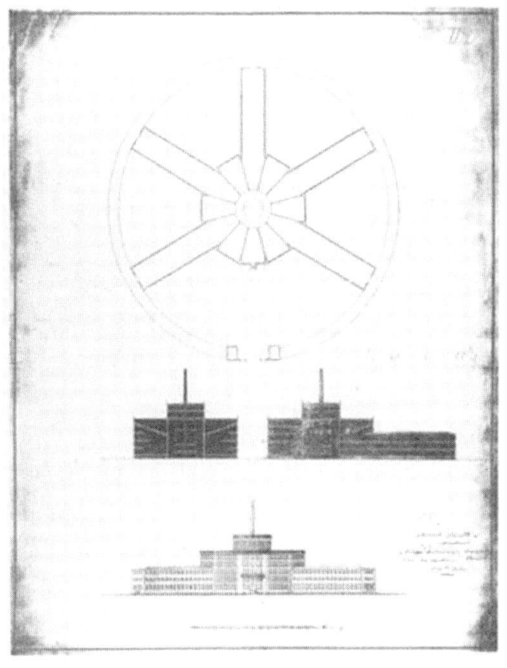

Herrschaft kam dieser Gebäudetyp wie gerufen: Der Zar ließ überall in Russland Panoptiken errichten.[35] Das stalinistische System totaler Überwachung hatte etwas, worauf es zurückgreifen konnte.

* * *

Die Unverderblichkeit des Lebens ist das Ziel, das Ergebnis jedoch sind: Grabmäler, Gefängnisse, Wohnsiedlungen. Giorgio Martinis Stadtbild gilt als »ideal«, doch was wir sehen ist ein

Ort tiefster Melancholie. Dornröschens Schloss mag so ausgesehen haben: alles reglos, stumm, niemand ahnt, dass es einmal eine Auferstehung geben wird. Alles weist über sich hinaus: die Häuser, die Paläste, die Kolonnaden, die Arkaden sind makellos, unangreifbar, und doch gemahnen sie an etwas, was nicht zu sehen ist. Unmittelbar, ohne jede Vermittlung gewinnt alles eine metaphysische Färbung. Auf Giorgio Martinis Gemälde erscheint ein Ort, in dem Leben und Abwesenheit des Lebens sich nicht ausschließen, sondern miteinander verschmelzen: das Leben ist tödlich, der Tod lebendig. »Lebender Tod« – »living death« –, schrieb Keats. Ein metaphysischer Ort – im Sinn Giorgio de Chiricos, der seine in den zehner Jahren des zwanzigsten Jahrhunderts gemalten Orte Jahrhunderte später so bezeichnen sollte. Chiricos Orte erinnern gespenstisch an die idealen Stadtbilder der Renaissance, sind zugleich aber auch von der Starre auf den Entwürfen der Revolutionsarchitekten des achtzehnten Jahrhunderts durchdrungen.

Das Gebäude auf seinem 1913 entstandenen Gemälde *Der rote Turm* unterscheidet sich nicht wesentlich vom Narrenturm in Wien. Der blaue Himmel, der den ziegelroten Turm umgibt, betont den seltsamen, nichtmenschlichen Charakter des Gebäudes, was durch den irrealen Schat-

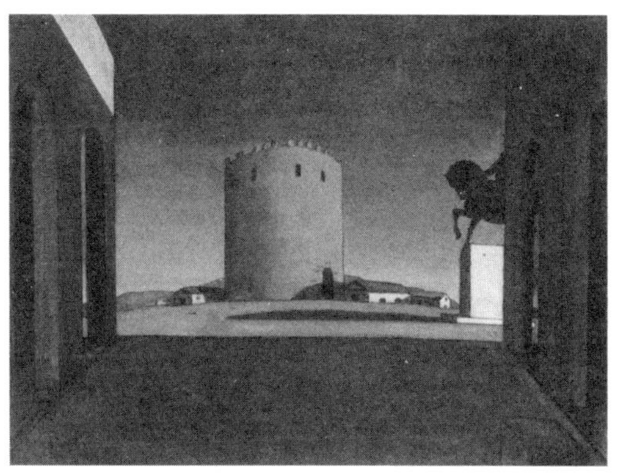

ten des halb sichtbaren Denkmals nur gesteigert wird. »Mehr Rätsel enthält der Schatten eines in der Sonne gehenden Menschen als alle vergangenen, gegenwärtigen und zukünftigen Religionen«, schrieb Chirico.[36] Dieser Schatten ist mehr als ein Schatten: er ist schon der Schatten des Schattens. Er macht das Unsichtbare sichtbar, das Unfassbare fassbar. Er weist das Nichtphysische im Physischen aus. Er eliminiert das »Reale« nicht, sondern bringt alles, was darin mit »irdischen« Augen sonst nicht zu sehen ist, zur Entfaltung. Er macht sichtbar, was sonst unsichtbar ist. Auch die Gebäude auf seinen anderen Gemälden aus dieser Zeit haben einen eigentümlichen Kentauren-Charakter: Man erkennt in ihnen die italienischen Verwaltungsgebäude, und doch haben sie auch etwas Nichtdiesseitiges an sich.

In der Johannes Tauler zugeschriebenen *Theologia Germanica* aus dem dreizehnten Jahrhundert steht, dass die menschliche Seele zwei Augen hat: mit dem linken sieht sie die kreatürliche Welt und die Zeit, mit dem rechten vertieft sie sich in Gott und die Ewigkeit: »Soll die Seele mit dem rechten Auge in die Ewigkeit sehen, so muss das linke Auge sich all seines Tuns enthalten und begeben und muss sich halten, als ob es tot sei. Soll dann das linke Auge seine Werke nach außen üben, nämlich wirken mit der Zeit und Kreatur, so muss auch das rechte Auge an seinem Werk behindert werden, das ist, an seiner Beschauung. Darum, wer das eine haben will, der muss das andere lassen fahren. Denn es kann niemand zweien Herren dienen.«[37] Auch bei Chirico hat alles zwei »Augen«, also zwei Aspekte. Diese treten aber nicht abwechselnd, sondern gleichzeitig in Erscheinung. Obwohl sie unterscheidbar sind, lassen sie sich dennoch nicht voneinander trennen. Es gibt auf seinen »metaphysischen« Gemälden nichts, was nicht ursprünglich zeitlich, also kreatürlich wäre; und doch wirkt alles auch zeitlos, wie etwas, das nicht geschaffen wurde, also ewig ist. Chirico sieht die Dinge nicht mit seinem linken oder seinem rechten Auge, sondern mit beiden gleichzeitig, was zu einer seltsamen Modifizierung der betrachteten Gegenstände führt. Alles, was wir sehen, tritt uns in seinem »reinen Sein« entgegen. Die Dinge erscheinen bei Chirico so, als hätte sie noch nie ein Mensch erblickt. In einer Erzählung Franz Kafkas steht: »Immer, lieber Herr, habe ich eine Lust, die Dinge so zu sehen, wie sie sich geben mögen, ehe sie sich mir zeigen.«[38] Alles, was Chirico malt, ist von Menschen geschaffen. Und doch wirken seine Orte so, als habe sie noch nie ein lebender Mensch gesehen.

Schopenhauer befasste sich viel mit dem sogenannten »reinen Sehen«, bei dem man versucht, jedes vorherige Wissen zu vergessen, um so sehen zu können, als würde man den jeweiligen Gegenstand zum ersten Mal erblicken, als hätte man nicht die geringste Ahnung, was man gerade sieht. Im zweiten Band von *Parerga und Paralipomena* schreibt er: »Um originelle, außerordentliche, vielleicht gar unsterbliche Gedanken zu haben, ist es hinreichend, sich der Welt und den Dingen auf einige Augenblicke so gänzlich zu entfremden, dass einem die allergewöhnlichsten Gegenstände und Vorgänge als völlig neu und unbekannt erscheinen als wodurch eben ihr wahres Wesen sich aufschließt.«[39] Chirico selbst zitiert diesen Gedanken Schopenhauers in einer handschriftlichen Aufzeichnung irgendwann am Anfang der 1910er Jahre.[40] Chirico malt so, dass er die gewöhnlichsten Dinge betrachtet, sich von ihnen aber derart entfremdet, dass sie sich ihm in ihrem reinen Wesen offenbaren. Darin könnte man eine Art »malerischen Platonismus« vermuten. Chirico jedoch zeigt nicht die Idee der Dinge. Die Idee ist bei ihm nicht unabhängig von den Dingen, sondern substanziell identisch mit ihnen. Statt von einer Ideenwelt ließe sich eher von einer Traumwelt sprechen. Jedenfalls hatte Max Ernst angesichts der Bilder Chiricos das Gefühl, als eröffnete sich ihm eine Traumwelt: »Ein ganzer Bereich der eigenen Traumwelt […], die man sich mit Hilfe einer Art von Zensur zu sehen oder zu verstehen versagte.«[41] Der Betrachter betritt eine Traumwelt, die dennoch kein Traum ist. Aber auch als Wachzustand ist sie nicht zu bezeichnen, denn nichts an ihr hängt an der sogenannten Wirklichkeit.

Chirico hat diese Welt ihrer ursprünglichen Sphäre enthoben, als hätte er sie entwurzelt, darum weckt sie den Eindruck, von einem anderen Planeten zu stammen. Die Unendlichkeit des Weltalls deutet sich in ihr an. Der Zustand auf seinen Gemälden hat keine Vorgeschichte, keine Vergangenheit, aber auch keine Fortsetzung, keine Zukunft. Alles ist möglichst genau gemalt, man kann jedes Element auf den Bildern benennen, als Gegenstand identifizieren und doch: Man kann keine Geschichte um sie herum errichten, sie lassen sich in keine Erzählung einbetten, da sie von vornherein außerhalb der Zeit sind. Alles scheint denkbar einfach zu sein, und doch entbehrt alles der Alltagslogik. »Das Denken muss sich dergestalt loslösen von dem, was man die Logik und den Sinn nennt« – schreibt Chirico um 1913 –, »er muss sich so sehr aus allen menschlichen Fesseln befreien, dass ihm die *Dinge* unter einem neuen Blick erscheinen, als seien sie von einer Konstellation beleuchtet, die zum ersten Mal scheint.«[42] Es gäbe Augenblicke, in denen sich die Dinge plötzlich »in ihrer ganzen metaphysischen Wirklichkeit« darböten, schreibt er irgendwann Anfang 1914 in einem Brief an Apollinaire, der ihn schätzte, und fährt fort: »Der Anblick der Dinge in meiner Phantasie und im Leben lässt sich mit der Physiognomie einer Person in einem Traum und der Physiognomie derselben Person in der Wirklichkeit vergleichen; es ist dieselbe Person und auch wieder nicht.«[43]

Worum handelt es sich hierbei also? Chirico hatte nach eigenem Bekunden von Schopenhauer und Nietzsche gelernt, dass zwar nichts einen Sinn habe, dieser Nichtsinn in der Kunst aber sehr wohl darstellbar sei. 1913 las er auf Französisch Schopenhauers Werk *Essai sur les apparitions*, das im Original *Versuch über das Geistersehen* heißt. Schopenhauer schreibt darin bezüglich des Geistersehens, gerade so als richtete er seine Worte direkt an seinen metaphysischen Maler-Nachfolger, unter anderem: »eine Leistung solcher Art ist nur metaphysisch begreiflich, physisch ist sie eine Unmöglichkeit«.[44] »Metaphysisch« bezeichne einen Zustand, der weder Traum noch Wachsein als vielmehr Schlafwachen genannt werden könne: »Nicht etwa, weil es ein Mittelzustand zwischen Schlafen und Wachen ist, sondern weil es als ein Wachwerden im Schlafe selbst bezeichnet werden kann. Ich möchte es daher lieber ein Wachträumen nennen.«[45] Chirico nannte dieses »Wachträumen« Augenblicke der »Klarsicht« und der »metaphysischen Abstraktion«. Er hat die Orte, Gebäude, Kolonnaden, Denkmäler, Statuen, Glockentürme, die auf seinen Gemälden zu sehen sind, aus der Wirklichkeit herausgehoben und sie in die Welt dieses »Wachträumens« hineingesetzt.

Dieses »Wachträumen« ist die Melancholie. In den zehner Jahren verlieh er einem seiner Gedichte, das die Szenerie eines »metaphysischen Gemäldes« beschreibt, den Titel *Melancholie*. Ähnliche Titel gab er auch vielen seiner metaphysischen Gemälde: dazu gehören *Melanconia* von 1912, *Melancholie eines schönen Tages* von 1913, *Geheimnis und Melancholie einer Straße* von 1914, das in mehreren Fassungen gemalte *Die Melancholie der Abreise* (1914, 1916) oder das 1915 entstandene *Turiner Melancholie*, von dem

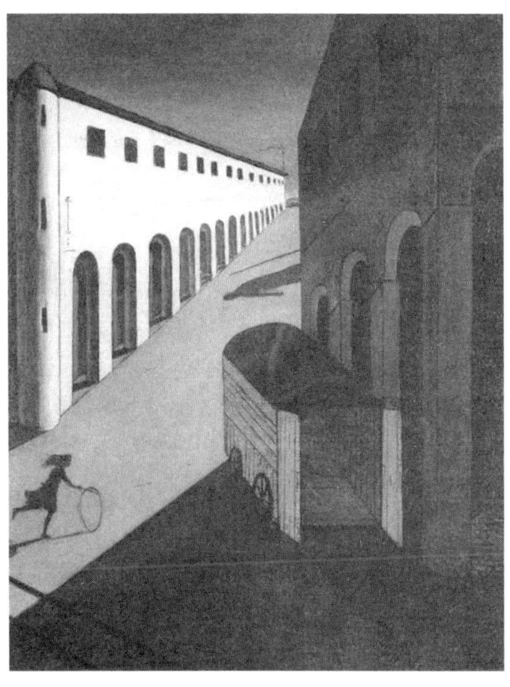

er 1973 in einem Interview erklärte, er habe es unter dem Einfluss Nietzsches gemalt, der Turin deshalb geliebt habe, weil er dort »einen metaphysischen Sinn entdeckt hatte, das Gefühl von Stille, von Heiterkeit«. Die Melancholie, die in diesen architektonischen Anblicken malerisch dargestellt ist, lässt sich nicht auf Traurigkeit, Niedergeschlagenheit, Nostalgie oder Kummer reduzieren. Natürlich ist ihr das alles nicht abzusprechen. Aber das sind gleichsam Symptome:

sie verweisen auf eine tiefere »Krankheit«, die keine Stimmung, kein Gefühl, als vielmehr eine eigentümliche Art der Weltwahrnehmung ist. Der Melancholiker sieht die Dinge, als sähe er sie zum ersten Mal und als verfügte er über kein vorheriges Wissen über sie. Deshalb erscheinen sie ihm außerordentlich schön. Sie sind aber auch erschreckend: worauf der Melancholiker seinen Blick auch richten mag, stets scheint er unmittelbar in den Anfang der Schöpfung zu blicken. Die Dinge sind vertraut, und doch wirkt alles fremd. Es besteht kein Bindeglied zwischen ihnen, alles ist isoliert von allem anderen, alles wirkt wie eine nicht entschlüsselbare Botschaft aus einer unbekannten Welt. Wie »Holzscheite auf einem Haufen« liegen die Dinge nebeneinander. Die Welt sieht zwar aus wie die Welt, doch ist sie von einer nichtdiesseitigen Lasurschicht überzogen. Melancholie ist metaphysische Kontemplation; sie akzeptiert nichts, wie es ist, sondern erspürt in allem das, wovon es zersetzt wird, entdeckt in allem das, was sonst nicht zu sehen ist. Chirico verglich die metaphysische Abstraktion einmal mit einem Röntgenstrahl. Dem ist auch die Melancholie verwandt. Allen Stimmungen, die mit ihr assoziiert werden können, liegt eine gewisse Erbarmungslosigkeit zu Grunde: hat man einmal entdeckt, dass man über die Fähigkeit des Röntgenblicks verfügt, ist man nicht mehr in der Lage, anders zu sehen. Sogar unter Selbstqualen dringt man mit dem Blick dort ein, wo die Blicke anderer in der Regel haltmachen.

* * *

Wie sieht der typische »metaphysische« beziehungsweise »melancholische« Anblick aus? Eine genaue Beschreibung bietet unter dem Titel *Der mysteriöse Tod* Chirico selbst.

»Die Turmuhr zeigt dreißig Minuten nach Mittag. Die Sonne steht hoch und brennend am Himmel. Sie scheint auf Häuser, Paläste, Arkaden. Deren Schatten werfen Rechtecke, Quadrate, Trapeze in einem so sanften Schwarz auf den Boden, dass das brennende Auge sich dort gern erfrischt. Was für ein Licht, und wie süß wäre es, dort unten zu leben bei einer trostreichen Arkade, einem unsinnigen Turm, der von vielen bunten Fahnen bedeckt ist, unter gescheiten und sanften Menschen. Ist denn die Stunde je vergangen? Egal, da wir ja sehen, wie sie vergeht.

Abwesend sind Gewitter, Eulenrufe, stürmische Meere. Homer hätte hier keinen Gesang gefunden. Ein Leichenwagen wartet seit unendlicher Zeit. Er ist schwarz wie die Hoffnung, und heute früh bildete sich jemand ein, er würde in der Nacht immer noch warten. Irgendwo ist ein Toter, den man nicht sieht. Die Uhr zeigt Mittag und zweiunddreißig Minuten, die Sonne beginnt zu sinken; wir müssen gehen.«[46]

Was ist zu sehen? Ein Turm, Sonnenschein, Häuser, Arkaden, Paläste, Schatten. Ein Platz. Stille, reglose Luft. Ein Leichenwagen. Endlose Zeit. Und ein Toter, der – oder das – zwar anwesend, aber dennoch nicht zu sehen ist. Er ist die Hauptfigur: die gerade durch ihre Abwesenheit anwesende Leiche. Deren Zeitlosigkeit ist die Dimension, auf die sich der Platz mit seinen Bauten, seinen Türmen und seiner Stille öffnet.

Wir befinden uns in Italien. Vielleicht in Florenz, auf einer der Sitzbänke auf der Piazza Santa Croce, auf der Chirico das Gefühl hatte, den eigentlich längst vertrauten Platz zum ersten Mal zu erblicken. Unter diesem Eindruck war 1910 sein erstes metaphysisches Gemälde *Rätsel eines Herbstnachmittags* entstanden. Wir könnten uns aber auch an einem anderen Ort befinden; in Rom oder Mailand oder Turin oder auch in München, inmitten Leo von Klenzes klassizistischen Gebäuden, die Chirico sehr gut kannte.

Und natürlich könnten wir uns auch am Ufer des Gardasees befinden, in Riva, dessen Hafen genauso totenstill und reglos sein kann wie die Piazza Santa Croce.

* * *

Während Chirico während des Ersten Weltkriegs in Ferrara und Rom an seinen metaphysischen Gemälden arbeitete, machte Franz Kafka Aufzeichnungen in seine Tagebücher und Notizhefte, die geradezu unter dem Eindruck der Gemälde Chiricos entstanden zu sein scheinen. Es gibt keinen Hinweis, dass Kafka sie je gesehen oder von Chirico auch nur gehört hätte. Aber die für Chirico typische metaphysische Melancholie war auch ihm nicht fremd. Seine Wahrnehmungen und Erlebnisse verknüpfte er nicht auf praktische (»realistische«) Weise, um dadurch einen Zusammenhang zwischen ihnen herzustellen, sondern auf dem Weg der Chirico'schen »metaphysischen Abstraktion«. Deswegen habe ich, wenn ich ihn lese, stets das Gefühl, als beträte ich eine Traumwelt: alles ist real und irreal zugleich. Hinzu kommt, dass Chiricos italienische Plätze und Häfen auch bei Kafka konkret auftauchen. Am 21. Oktober 1913 findet sich in seinem Tagebuch zum Beispiel folgender Eintrag: »Im kleinen Hafen eines Fischerdorfes wurde eine Barke zur Fahrt ausgerüstet. Ein junger Mann in Pluderhosen beaufsichtigte die Arbeiten. Zwei alte Matrosen trugen Säcke und Kisten bis zu einer Anlegebrücke, wo ein großer Mann mit auseinandergestemmten Beinen alles in Empfang nahm und irgendwelchen Händen überantwortete, die sich aus dem dunklen Innern der Barke ihm entgegenstreckten. Auf großen Quadersteinen, die einen Winkel des Quais umfassten, saßen halb liegend fünf Männer und bliesen den Rauch ihrer Pfeifen nach allen Seiten. Von Zeit zu Zeit kam der Mann in Pluderhosen zu ihnen, hielt eine Ansprache und klopfte ihnen auf die Knie. Gewöhnlich wurde hinter einem Stein eine Weinkanne, die dort im Schatten aufbewahrt wurde, hervorgeholt und ein Glas mit undurchsichtigem roten Wein wanderte von Mann zu Mann.«[47]

Die Motive in dieser Aufzeichnung erinnern gespenstisch an die Bilderwelt Chiricos: Hafen, Barke, Anlegebrücke, große Quadersteine – Fundamente von Statuen? –, liegende Menschen. Noch vielsagender ist jedoch die Art und Weise, wie Kafka sie nebeneinanderstellt. Die kurzen Aussagesätze brechen abrupt ab, es gibt zwischen den Sätzen keine sprachlichen Brücken, die dem Leser helfen würden, sich zurechtzufinden. Obwohl der Zusammenhang zwischen den einzelnen Elementen klar ist, kommt er nicht dadurch zustande, dass der Autor sie in ein realistisches Netz hüllt. Im Gegenteil; das Gesamtbild setzt sich aus splitterartigen Bruchstücken, die sich nicht ganz fügen wollen, zusammen. Das Ganze erweckt den Eindruck, als betrachte man die Szene durch eine dicke Glasscheibe. Alles ist präzise, messerscharf gezeichnet und hüllt sich doch in tiefes Schweigen. Nicht weil Stille herrscht, sondern weil alles so weit weg ist. Obwohl man der Szene natürlich kaum näher sein könnte. Wir sind den Dingen nah und doch unendlich fern. Von hier ist es nur noch ein Schritt, bis man als Leser das Gefühl hat, dass das seine eigene Welt sei, dass man selbst an ihr Teil habe und mit alledem doch nichts zu tun habe.

Am 21. Oktober 1913, dem Tag der zitierten Aufzeichnung, hält sich Kafka in Prag auf. Der Hafen, den er beschreibt, ist der Hafen von Riva am Gardasee, von wo er eine Woche zuvor abgereist war, nachdem er sich vom 22. September bis zum 13. Oktober dort aufgehalten hatte. Nicht zum ersten Mal. Schon vom 4. bis zum 14. September 1909 hatte er zehn Tage dort verbracht, in Gesellschaft Max und Otto Brods. Im Frühherbst 1913 hingegen reiste er allein. Wie er kurz zuvor, am 1. Juli, in sein Tagebuch notiert hatte: »Der Wunsch nach besinnungsloser Einsamkeit. Nur mir gegenübergestellt sein. Vielleicht werde ich es in Riva haben.«[48] Nach Riva lockte ihn der Ruf der Villa Cristoforo, des Sanatoriums von Dr. Christoph Hartung von Hartungen. Bei seinem ersten Aufenthalt in Riva war er mit seinen Freunden in einem billigen Hotel abgestiegen, da eine Unterkunft im Sanatorium zu teuer gewesen wäre. Diesmal wohnte er in einem abgelegenen Pavillon des Sanatoriums, wo er ganz für sich sein konnte.

Dr. Hartungen war 1888 aus Wien nach Riva gezogen und hatte dort ein Sanatorium eröffnet, in dem er sich mit Naturheilkunde und anderen alternativen Heilmethoden befasste. Sein Institut hieß zunächst »Licht- und Wasserheil-Anstalt«, doch schon zu Beginn des Jahrhunderts lautete sein offizieller Name »Erholungsheim für Nervenkranke und Diabetiker«. Anfang der 1900er Jahre hielt sich mehrmals Thomas Mann bei ihm auf; vom 5. November bis zum 19. Dezember 1901 wohnte er anderthalb Monate dort, verbrachte im Herbst 1902, während der Arbeit an *Tonio Kröger*, sechs weitere Wochen in Riva und kehrte vom 16. April bis zum 7. Mai noch einmal für drei Wochen dorthin zurück. Jedesmal war er Gast in Dr. Hartungens Sanatorium Villa Cristoforo; ihm widmete er auch eines der ersten Freiexemplare der *Buddenbrooks*.[49] Das Leben im Sanatorium beschwor er später im *Zauberberg* herauf, und einige Patienten, die er in seinen Notizheften erwähnt, finden sich darin wieder. Riva war für ihn unter anderem auch ein Ort der Melancholie. Im Herbst 1901 etwa hielt er im Sanatorium folgendes Gespräch fest: »*Der kleine Student*: ›Sie machen mich ganz melancholisch mit Ihrem Spiel … Ich höre das so gern … Ich neige nämlich sehr zur Melancholie …‹

›O! dann höre ich auf.‹ ›Nein, so arg ist es nicht.‹ ›Nun, wenn es nicht arg ist – […] In den untersten Graden ist Melancholie ja ein ganz molliger Zustand und wohl nicht einmal kurwidrig.‹« Und auf der nächsten Seite des Notizheftes bemerkt er vielleicht gerade bezüglich des Musizierens im Sanatorium: »Dionysische Melancholie: – Melancholie aus Überfluß an guter Laune«.[50]

Neben Thomas Mann gehörten auch Heinrich Mann, Christian Morgenstern, Sigmund Freud und Rudolf Steiner zu Dr. Hartungens Patienten. Und natürlich Kafka, der sich während seines zweiten Aufenthalts hier unablässig den Kopf darüber zerbrach, dass er ohne Felice nicht leben könne, mit ihr allerdings auch nicht. Gewiss war es auf diese ständige Selbstquälerei zurückzuführen, dass es gerade in Riva zum vielleicht unbeschwertesten Liebesabenteuer seines Lebens kam, mit einer bis heute unbekannten Dame aus der Schweiz. Riva muss für ihn die gleiche Rolle gespielt haben wie das Berghof-Sanatorium für Hans Castorp: erst in der Abgeschiedenheit von der Welt konnte er sich im Zentrum des Lebens fühlen. Vielleicht verhalf ihm gerade dieser Zwiespalt zu jener Befindlichkeit, nach der er sich im Sommer 1913 gesehnt hatte: »nur mir gegenüberstellt« zu sein. Er hatte wohl den Ort gefunden, den Rilke »die Berge des Herzens« nannte.

Im Winter 1916–17, wieder zu Hause in Prag, schrieb er, verstrickt in seine Erinnerungen an Riva, mehrere Fragmente, aus denen Max Brod später eine Erzählung mit dem Titel *Gracchus, der Jäger* zusammenstellte. Am 6. April 1917 findet sich in seinem Tagebuch der Eintrag: »Im kleinen Hafen, wo außer Fischerbooten nur die 2 Passagierdampfer, die den Seeverkehr besorgen, zu halten pflegen, lag heute eine fremde Barke. Ein schwerer alter Kahn, verhältnismäßig niedrig und sehr ausgebaucht, verunreinigt, wie mit Schmutzwasser ganz und gar übergossen, noch troff es scheinbar die gelbliche Außenwand hinab, die Masten unverständlich hoch, der Hauptmast im obern Drittel geknickt, faltige, rauhe, gelbbraune Segeltücher zwischen den Hölzern kreuz und quer gezogen, Flickarbeit, keinem Windstoß gewachsen.

Ich staunte es lange an, wartete dass irgendjemand sich auf Deck zeigen würde, niemand kam. Neben mir setzte sich ein Arbeiter auf die Quaimauer. ›Wem gehört das Schiff?‹ fragte ich, ›ich sehe es heute zum ersten Mal.‹ ›Es kommt alle 2, 3 Jahre‹ sagte der Mann, ›und gehört dem Jäger Gracchus‹.«[51] Der Stil des Eintrags weicht von dem vom Oktober 1913 ab: er ist wesentlich flüssiger, kommt dem Leser mehr entgegen, folglich sind auch die Sätze länger, erklärungsfreudiger. Als sähen wir anstelle des Chirico-Gemäldes ein naturalistisches Genrebild. Das Ergebnis ist eine »realistische« Prosa, mit der er wohl auch selbst unzufrieden war. Dagegen strahlt eine andere, etwas frühere Fassung derselben Szene (Januar–Februar 1917) die für Chirico typische metaphysische Melancholie aus: »Zwei Knaben saßen auf der Quaimauer und spielten Würfel. Ein Mann las eine Zeitung auf den Stufen eines Denkmals im Schatten des säbelschwingenden Helden. Ein Mädchen am Brunnen füllte Wasser in ihre Bütte. Ein Obstverkäufer lag neben seiner Ware und blickte auf den See hinaus. In der Tiefe einer Kneipe sah man durch die leeren Tür- und Fensterlöcher zwei Männer beim Wein. Der Wirt saß vorn an einem Tisch und schlummerte. Eine Barke schwebte leise als werde sie über dem Wasser getragen in den kleinen Hafen.«[52]

Dieselbe scharf gezeichnete Szene wie im Tagebucheintrag dreieinhalb Jahre früher. Der Hafen, den er beschreibt, sieht genauso aus wie der damalige Hafen und Platz Piazza Benacense (die heutige Piazza Tre Novembre) in Riva, von dem auch ein zeitgenössisches Foto erhalten blieb: jene Postkarte, die Kafka am 28. September 1913 seiner liebsten Schwester Ottla nach Prag schickte. Und zwar am selben Tag, an dem er in einem Brief an Max Brod bezüglich Felice schreibt: »Ich kann mit ihr nicht leben und ich kann ohne sie nicht leben.« Auf der Postkarte,

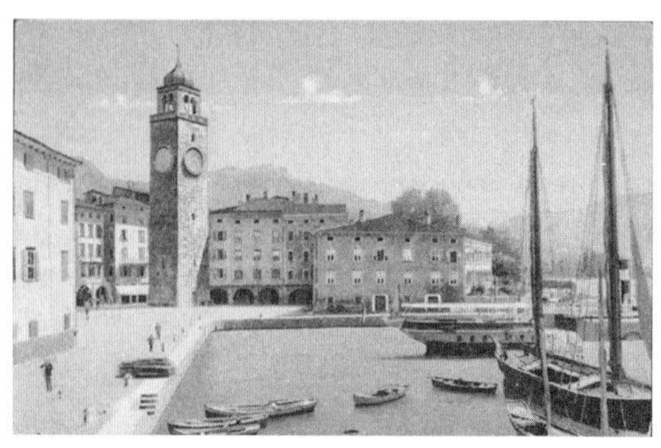

die er Ottla schickte, sieht man die einsam im Hafen ruhenden Barken, den sonnenbeschienenen Platz mit einigen Menschen, die zwei- und dreistöckigen Gebäude, darunter den Palazzo Pretorio, die den Platz säumen, unten Arkaden und in der Mitte des Platzes den Torre Aponale, der ursprünglich zur Festung der Stadt gehört hatte und im sechzehnten Jahrhundert zu einem 35 Meter hohen Glockenturm umgestaltet worden war. Auch auf diesem Foto ist alles still und ausgestorben. Aber es bedurfte Kafkas sprachlicher Gestaltung, damit dieser typisch italienische (damals noch zur österreichisch-ungarischen Monarchie gehörende) Platz sich in einen unverwechselbar chiricoschen metaphysischen Ort verwandeln konnte. In einen Ort der Melancholie. Er könnte sogar von Francesco di Giorgio Martini stammen.

* * *

»In einem Boot, so schwarz wie ein Sarg, schlief ich unter zwei fahlen Brücken ein«, hatte ein paar Jahre zuvor, im August 1911, Chirico notiert.[53] In einem solchen Boot kommt Gracchus, der Jäger, in diesem melancholischen Hafen an. Sein Boot ist zugleich auch sein Sarg. Er ist tot und lebt doch. Seinen Tod verdankt er einem Unfall – er war bei einer Gamsjagd im Schwarzwald von einem Felsen gestürzt –, aber auch sein Leben danach ist die Folge eines Versehens: Folge der Unaufmerksamkeit des Bootsführers, der den Weg ins Jenseits verfehlt hatte. Lauter Zufälle, die eine Vorherbestimmung ausschließen und nicht zulassen, dass man das ewigwährende tödliche Leben des Jägers in einen höheren Zusammenhang stellt. Immer wieder fragt ihn der Bürgermeister von Riva beim Verhör, ob irgendeine Schuld auf ihm laste, was der Jäger nur verneinen kann. Ihm sei nicht bewusst, dass er irgendeine Schuld auf sich geladen hätte – und doch müsse er nun die Strafe auf sich nehmen. Wo es aber keine Schuld gibt, gibt es auch keine Erlösung. Der Unfall hatte den Jäger im Schwarzwald ereilt, dessen Schwärze auch Dantes »selva oscura« heraufbeschwört. Doch während es bei Dante aus diesem dunkelnden Wald – wenn auch auf dem Umweg der Hölle und des Fegefeuers – einen Ausweg ins Paradies gibt, werden die Irrfahrten, die Gracchus erwarten, nie ein

Ende nehmen. Nie wird er den geraden Weg, »la diritta via«, finden. Nie wird ihm das Paradies zuteilwerden. Die Hölle demnach aber auch nicht. Ewiges Umhertreiben wird sein Schicksal sein. Ihm ist der letzte Maßstab abhandengekommen: wer ewig umherirrt, kennt kein Ziel und weiß nicht einmal, in Bezug worauf er sich überhaupt verirrt hat. Der Jäger könnte natürlich sagen, dass es einerseits das Leben, andererseits den Tod gäbe, und dass er sich verglichen mit dem einstigen Leben beziehungsweise dem endgültigen Tod verirrt habe und sein Ziel darin bestünde, endlich im Tod anzukommen. Da er nun aber gleichzeitig lebt und tot ist, haben auch alle Maßstäbe ihre Zuverlässigkeit verloren. Verglichen mit dem Leben kann er sich nicht verirrt haben, denn er lebt ja nach wie vor, aber auch der Tod ist kein Ziel, das noch vor ihm liegt, denn er ist bereits tot. Er hat seinen eigenen Tod überholt (er lebt ja) und ist hinter seinem eigenen Leben zurückgeblieben (er ist ja tot). In der Gegenwart, diesem tödlichen Leben, werden seine Vergangenheit (das Leben) und seine Zukunft (der Tod) eins. Somit befindet sich der Jäger auch nicht in der Zeit – genauer gesagt, er lebt in einer unablässigen Gegenwart, die sich nie erfüllt und nie vergeht. In der Zeit erleidet er die Zeitlosigkeit. Eine perverse Unsterblichkeit ist sein Los. Gerade das, was in der europäischen

Kultur seit jeher das Ziel aller Sehnsüchte ist, wird für ihn zum schlimmsten Schlag: die Unsterblichkeit.

Gracchus lebt seinen Tod und stirbt sein Leben. Ihm ist das beschieden, was Kafka am 1. Juli 1913 so formuliert: »Der Wunsch nach besinnungsloser Einsamkeit. Nur mir gegenübergestellt sein. Vielleicht werde ich es in Riva haben.« Auch Gracchus wird in Riva mit sich selbst konfrontiert. Diese Konfrontation führt zur Zersplitterung seines Ichs. Der Name Gracchus ist mit dem italienischen Wort gracchia verwandt, das Dohle bedeutet – und auf Tschechisch: kavka. Gracchus ist auch das Ebenbild Kafkas. »Kafka« war jedoch nicht nur der Name Kafkas, sondern auch der seines Vaters, von dem er ihn geerbt hatte – zudem prangte die Dohle auf dem Briefkopf des geschäftlichen Briefpapiers seines Vaters. So gesehen ist Gracchus auch ein Selbstbildnis – im Spiegel des Vaters. Eine der Versionen der Geschichte ist ein Fragment mit dem Titel *Auf dem Dachboden*. Darin berichtet der Protagonist Hans von einem Geheimnis aus seiner Kindheit: er habe auf dem Dachboden einen Fremden von erschreckendem Aussehen entdeckt. Auch jener habe Hans geheißen, sei von fern gekommen und wie Gracchus ein Jäger gewesen. Niemand habe gewusst, wie lange er sich schon auf dem Dachboden aufhielt, noch wie er überhaupt dorthin gelangt oder woher er gekommen war. Als Hans, das Kind, Hans, den Jäger, auf dem Dachboden entdeckt, denkt er wohl dasselbe, was später in Kafkas Erzählung *Ein Landarzt* stehen wird: »Man weiß nicht, was für Dinge man im eigenen Hause vorrätig hat.«[54] Hans, der Jäger, ist der Fremde, der ins traute Heim eindringt. Ohne die Geschichte des Jägers fortzusetzen beginnt der Erzähler von *Auf dem Dachboden* dann den seit jeher zwischen seinem Vater und ihm herrschenden Unfrieden zu schildern, seine Flucht vor dem Vater und seine Rückkehr ins Haus der Familie, das seine einzige Erbschaft ist, nach dessen Tod. Nach der Rückkehr ins elterliche Haus muss er jedoch das Zimmer seines verstorbenen Vaters beziehen, da sein eigenes früheres Zimmer von seinem Onkel belegt ist, wovon er bis dahin natürlich keine Ahnung hatte.

Das elterliche (genauer väterliche) Haus, das von Fremden besetzt wird: Die psychische Struktur des Aufbegehrens gegen den Vater ist hier unverkennbar. Eine vielsagende Notiz Kafkas findet sich auch vor einem anderen Gracchus-Fragment mit dem Titel *Eine Kreuzung*. »Ich habe ein eigentümliches Tier, halb Kätzchen, halb Lamm«, lautet der erste Satz, gefolgt vom zweiten: »Es ist ein Erbstück aus meines Vaters Besitz, entwickelt hat es sich aber doch erst in meiner Zeit, früher war es viel mehr Lamm als Kätzchen, jetzt aber hat es von beiden wohl gleichviel.«[55] Diese Kreuzung erweist sich später als ein abstoßendes Ungeheuer, das den Erzähler jedoch innig liebt. »An mich angeschmiegt fühlt es sich am wohlsten.«[56] Das Entsetzen ist das väterliche Erbe, das sich der Junge verinnerlicht. Er identifiziert sich gerade damit, wovon er sich am meisten fernhalten möchte. Man könnte meinen, Kafka werde die Gracchus-Geschichte gleich in einer neuen Version weiterspinnen. So gesehen verkörpert Gracchus das im Inneren lauernde Entsetzen. Auch er selbst ist eine Art Kreuzung: er kann nicht leben, vermag aber auch nicht zu sterben. Die tiefe, latente Unzufriedenheit mit sich selbst hatte ihn so werden lassen, und seine Schuld, sofern er überhaupt eine hat, besteht darin, dass er nichts davon ahnt.

* * *

Gracchus lehnt sich an einen großen europäischen Topos an: Er teilt das Schicksal Ahasvers, Kartaphilos', des fliegenden Holländers. Hier bleibt der Topos jedoch eine äußere Hülle, nicht darum geht es Kafka in erster Linie. Und auch nicht um die Seele oder Gefühlswelt des Jägers. Sondern um eine metaphysische Frage, wonach alles Sichtbare, sinnlich Wahrnehmbare wie die Spitze eines Eisbergs ist, in dessen Tiefen jedoch unbekannte, scheinbar nicht aufzudeckende Schichten verlaufen – sei es in der menschlichen Seele oder im Universum ringsum. Diese Schichten knebeln und fesseln Gracchus, der wie ein riesiges Fragezeichen ist. Ein Verwandter der unheilvollen Gestalten auf Chiricos metaphysischen Gemälden, ein Vollblutmelancholiker. Und ein Verwandter von Coleridges altem Seefahrer, der wie er lebendig und tot zugleich ist. Bei Coleridge wird der alte Seefahrer ein Opfer der im Gedicht erscheinenden schönen Frau, des Lebenden Todes. In der ersten Ausgabe des Gedichts (1798) schreibt Coleridge über sie nur, dass sie dem Tod mehr ähnelt als ihr Gefährte und sogar die Luft um sie herum kalt wird. In der endgültigen Ausgabe von 1817 formuliert er viel eindeutiger: Hier erscheint sie bereits als Lebender Tod (Life-in-Death), bei dessen Anblick einem das Blut gefriert. »Who thicks man's blood with cold« schreibt Coleridge über sie und formuliert damit genau: denn das vor Kälte sich verdickende (erstarrende) Blut galt traditionell als Symptom der Melancholie. Die Traurigkeit ist es, was den Körper abkühlt, heißt es in Robert Burtons *Anatomie der Melancholie*: strebt jemand nach zu viel Wissen, versiegt sein Geist, sein Blut kühlt ab, sein Körper und sein Hirn fallen der Melancholie anheim. Wer gesund ist, hat flüssiges Blut, sagt der Geist zu Hamlet,[57] woraus man, ohne dass es Shakespeare im Stück erwähnte, schließen kann, dass Hamlet wohl dickflüssiges (thick) Blut hat, was sowohl Ursache als auch Symptom seiner Melancholie ist. So ist auch der Alte Seefahrer, der nicht sterben kann: er ist der Lebende Tod und lässt als solcher auch das Blut anderer gefrieren – wie ein Virus verbreitet sich um ihn herum die Melancholie. Auch der Gast, dem er im Gedicht seine Lebensgeschichte erzählt, verliert das Interesse an der Welt ringsum; während er der Geschichte des Alten Seefahrers lauscht, wird er »trauriger« und »weiser«. Mit anderen Worten: melancholisch.

Melancholie heißt auch das Kapitel, in dem Christoph Ransmayr in seinem Roman *Die Schrecken des Eises und der Finsternis* schildert, wie das österreichisch-ungarische Expeditionsschiff, das 1872 Richtung Nordpol aufbrach, im Eis einfriert. Tag und Nacht sind im milchigen Grau nicht mehr voneinander zu unterscheiden; alles ist stumm und tot, ziellos, gefangen im gewaltigen Eisblock treibt das eingefrorene Schiff dahin – wie ein holzgefertigtes Herz inmitten des Eises. So fror seinerzeit auch das Schiff des Alten Seefahrers ein; auch für ihn gab es kein Vor und kein Zurück mehr. »Mein Kahn ist ohne Steuer, er fährt mit dem Wind der in den untersten Regionen des Todes bläst«[58], mit diesen Worten beendet Gracchus, der Jäger, seine Geschichte, seine Hand aufs Knie des Bürgermeisters von Riva legend. Ähnlich treibt auch der Landarzt, der Held von Kafkas anderer Erzählung, umher, der vor seinem Aufbruch mit der Erkenntnis konfrontiert wird: »Man weiß nicht, was für Dinge man im eigenen Haus vorrätig hat.«[59] Als er am Ende der Geschichte bei Schneesturm und heulendem Wind heimkehren müsste, ist er nicht in der Lage dazu. »Nackt, dem Froste dieses unglückseligsten Zeitalters ausgesetzt, mit irdischem Wagen, unirdischen Pferden, treibe ich mich alter Mann umher.«[60] So irrt auch Gracchus umher – obwohl wir ihn die ganze Zeit an einem Ort sehen: auf seiner Bahre, in einem zweistöckigen Gebäude, das unweit des Wassers im Hafen von Riva steht, auf einem Platz, wie er auf Chiricos Gemälden zu sehen ist. Ein Ort, der mit seiner Stille und Regungslosigkeit aber auch jenen Orten nicht fremd ist, die in den Renaissancedarstellungen vermeintlich idealer Städte auftauchen. Alle wollten sie das ideale Leben der menschlichen Phantasie zugänglich machen. Dieses Leben ist aber so beschaffen, dass dem Betrachter bei seinem Anblick »das Blut gefriert«.

* * *

Die Straßen münden ineinander, die Plätze gehen ineinander über. Alles auf Francesco di Giorgio Martinis Gemälde ist stumm und reglos. Nur eine einzige Spur von Leben gibt es: Der Fensterladen an einem der Fenster des zweistöckigen Gebäudes auf der rechten Seite, den eine unsichtbare Hand eingehängt hat. Wann? In einem zeitlosen Augenblick, der weder Vergangenheit noch Zukunft hat. Dieser geöffnete Schattenspender ist die Spur der Hand des Lebenden Todes. Die unsichtbare Masse der Lebenden Toten bevölkert diesen utopischen Stadtplatz. Auch in Kafkas Erzählung wird Gracchus auf seiner Bahre in ein zweistöckiges Haus getragen, wie es auf Giorgio Martinis Gemälde zu sehen ist – oder aber auf der Postkarte, die Kafka aus Riva an Ottla schickte. Da öffnet ein kleiner Junge kurz eines der Fenster dieses Hauses; und als die Gruppe im Tor verschwunden ist, schließt er es eilig wieder. Was mag er als Letztes gesehen haben, bevor auch er dann wohl ein Opfer des Lebenden Todes wurde? Vermutlich das, was auch auf der Postkarte zu sehen ist, die im Herbst 1913, irgendwann Ende September, Anfang Oktober, in Prag Ottla ausgehändigt wurde. Die Barken, das ruhige Wasser, die regungslosen Menschen, die geschlossenen Jalousien.

Und den Torre Aponale, den Glockenturm

des Hafens. Wie die Fabrikschornsteine, die Chirico so oft malte, überragt auch dieser die Gebäude der Umgebung und die Bucht. Chirico pflegte die Campaniles durch industrielle Fabrikschornsteine aus rotem Ziegel zu ersetzen, wodurch seine Plätze noch gespenstischer wurden. Ottla hat die Postkarte aus Riva wohl oft betrachtet. Sie überlebte ihren Bruder, doch sein posthumer literarischer Erfolg ließ sie kalt. Nie verzieh sie Max Brod, dass er das Testament ihres Bruders nicht vollzogen und alle seine Manuskripte verbrannt hatte. Ihr war, wie ein Zeitgenosse, der sie gut kannte, sagte, die Wahrhaftigkeit in einem metaphysischen Sinn wichtiger als weltliche Regelungen.[61] Sie wurde am 3. August 1942 aus Prag ins Konzentrationslager Theresienstadt deportiert, wo sie als Aufseherin der dortigen Kinder arbeitete. Zum sechzigsten Geburtstag ihres Bruders wurde am 3. Juli 1943 ein Fest veranstaltet, an dem neben zwei früheren Schulkameraden auch Ottla eine Rede hielt.[62] Am 19. September 1943 trafen 1260 jüdische Kinder aus Białystok ein, wo kurz zuvor 52 000 Juden umgebracht worden waren. Fast drei Wochen wurden sie in Theresienstadt festgehalten, unter Sonderbewachung, in der Hoffnung, dass man sie gegen deutsche Gefangene in Palästina austauschen könne. Nachdem die Geheimverhandlungen mit den Engländern ge-

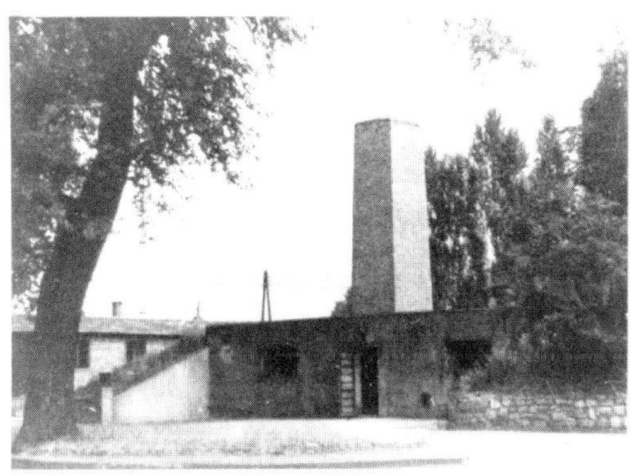

scheitert waren, wurden die Kinder am 5. Oktober nach Auschwitz auf den Weg gebracht. Ottla folgte ihnen als freiwillige Begleiterin. Am 7. Oktober kamen sie an und wurden noch am selben Tag ermordet. Der im Sommer 1942 errichtete Schornstein des Krematoriums war für Ottla wohl einer der letzten Anblicke der Welt draußen. Bei der Planung des Krematoriums arbeiteten elf zivile Architekturbüros zusammen. Für die Planung und Ausführung der Schornsteine war der Ingenieur Robert Koehler verantwortlich. Koehlers Architekturbüro befand sich in der damals zum Deutschen Reich gehörenden schlesischen Stadt Myslowitz (heute Mysłowice), die zwanzig Kilometer von Auschwitz und nur wenige Kilometer von Kattowitz (heute Katowice) entfernt lag und die er oft besuchte, da sein Honorar für die Entwürfe in die dortige Filiale der Dresdner Bank überwiesen wurde. Den Befehl zum Bau des Schornsteins gab der hochrangige SS-Offizier Hans Kammler, der seinerseits Ingenieur war. Koehlers späteres Schicksal ist unbekannt, Kammler wurde in den letzten Tagen des Krieges erschossen, und zwar in Prag. Während der Planung hatte es einen langwierigen Streit über die Ausmaße und Proportionen des Schornsteins gegeben. Er wurde schließlich genauso hoch wie der Torre Aponale, nimmt man in Gedanken den oberen Teil der Kuppel ab. Oder genauso hoch wie die Türme, die auf den Entwürfen der französischen Revolutionsarchitekten hier und da auftauchen. Dort waren sie Boten einer besseren, idealen Welt, wie sie nur in Utopien existieren. Einer Welt, aus der in dichten Wolken etwas sickert, was alles angreift und das Leben tödlich macht.

Literatur

Aschoff, Volker, *Geschichte der Nachrichtentechnik*, Springer, Berlin – Heidelberg – New York – Tokio, 1984.

Baudrillard, Jean, *Die fatalen Strategien*, Matthes & Seitz, München, 1991.

Bentham, Jeremy, *Das Panoptikum*, Matthes & Seitz Berlin, Berlin, 2013.

Berkley, George E., *Hitler's Gift. The Story of Theresienstadt*, Branden Books, Boston, 1993.

Bloch, Ernst, *Das Prinzip Hoffnung*, Suhrkamp, Frankfurt am Main, 1976.

Boullée, Étienne-Louis, *Architektur. Abhandlung über die Kunst*, Artemis. Verlag für Architektur, Zürich und München, 1987.

Chesterfield, Earl of, *Letters Written by the Late Honourable Philip Dormer Stanhope, Earl of Chesterfield to His Son, Philip Stanhope, Esq.* in Four Volumes, London, 1774.

Chirico, Giorgio de, *Das Geheimnis der Arkade. Erinnerungen und Reflexionen*, Schirmer/Mosel, München, 2011.

Chirico, Giorgio de, *Letters by to Guillaume Apollinaire, 1914–1916*, in: Metaphysical art – The de Chirico Journals, n. 5/6 (2005–2006).

Cirigliano, Marc A., *Melancolia Poetica. A Dual Lan-*

guage Anthology of Italian Poetry 1160–1560, Troubadour Publishing Ltd., Leicester, 2007.

Clarke, Adam (ed.): *Memoirs of the Wesley Family; Collected Principally from Original Documents*, London, 1823.

Foucault, Michel, *Überwachen und Strafen. Die Geburt des Gefängnisses.* Suhrkamp, Frankfurt am Main, 1979.

Gazda, Grzegorz, *The Final Journey of Franz Kafka's Sisters*, http://www.zwoje-scrolls.com/zwoje43/text16p.htm#r38 (zuletzt geöffnet: 15. August 2016).

Hegel, Georg Wilhelm Friedrich, *Vorlesungen über die Ästhetik, I–III.*, in: *Sämtliche Werke, Jubiläumsausgabe in zwanzig Bänden*, Hrsg. Hermann Glockner, Fr. Frommanns Verlag, Stuttgart, 1927.

Hofmann, Werner (Hrsg.), *Luther und die Folgen für die Kunst*, Prestel Verlag, München, 1983.

Ignatieff, Michael, *A Just Measure of Pain: the Penitentiary in the Industrial Revolution*, Peregrine Books, New York, 1978.

Kafka, Franz, *Drucke zu Lebzeiten, Nachgelassene Schriften und Fragmente, Tagebücher*, in: Kafka, Franz, *Schriften, Tagebücher. Kritische Ausgabe*, Fischer Taschenbuch Verlag, Frankfurt am Main, 2002.

Kruft, Hanno-Walter, *Städte in Utopia. Die Idealstadt vom 15. bis zum 18. Jahrhundert zwischen Staatsutopie und Wirklichkeit*, C. H. Beck, München, 1989.

Mann, Thomas, *Notizbücher, I–II.*, S. Fischer, Frankfurt am Main, 1991.

McLeod, Mary, *Henri Lefebvre's Critique of Everyday Life*, in: *Architecture of the Everyday*, ed. by Steven Harris and Deborah Berke, Princeton Architectural Press, 1997.

Morus, Thomas, *Utopia*, Reclam, Leipzig, 1976.
Rotman, Brian, *Die Null und das Nichts. Eine Semiotik des Nullpunkts*, Kadmos, Berlin, 2000.
Schalamow, Warlam, *Wischera. Antiroman*, Matthes & Seitz Berlin, Berlin, 2016.
Schopenhauer, Arthur, *Über das Sehn und die Farben*, in: *Sämtliche Werke*, Suhrkamp, Frankfurt am Main, 1986. Bd. 3.
– *Versuch über das Geistersehen*, in: *Sämtliche Werke*, Suhrkamp, Frankfurt am Main, 1989, Bd. 4.
– *Parerga und Paralipomena*, ebd., Bd. 5.
Simmel, Georg, *Die Ruine*, in: *Gesamtausgabe in 24 Bänden, Band 8: Aufsätze und Abhandlungen 1901–1908*. Band II., Suhrkamp, Frankfurt am Main, 1993.
Sommer, Frank H., *Emblem and Device: The Origin of the Great Seal of the United States*, in: *Art Quarterly, XXIV (1961)*, pp. 57–76.
Spies, Werner, *Max Ernst. Collagen*, DuMont, Köln, 1974.
Steadman, Philip, *Building Types and Built Forms*, Troubador, Leicester, 2014.
Stanek, Lukasz, *Henri Levebvre on Space: Architecture, Urban Research and the Production of Theory*, University of Minnesota Press, 2011.
Stollmann, Rainer, *Faschistische Politik als Gesamtkunstwerk*, in: *Die deutsche Literatur im Dritten Reich*, Hrsg. Horst Denkler und Karl Prümm, Philipp Reclam jun., Stuttgart, 1976. S. 83–101.
Tafuri, Manfredo, *The Sphere and the Labyrinth. Avant-Gardes and Architecture from Piranesi to the 70s*, The MIT Press, Cambridge, Massachusetts, London, England, 1990.
Tauler, Johannes, *Eine deutsche Theologie*, Insel Verlag, Leipzig, 1922.

Viechow, Christian, *Das Sanatorium als Lebensform. Über einschlägige Erfahrungen Thomas Manns*, in: Thomas Sprecher (Hrsg.): *Literatur und Krankheit im Fin-de-Siècle (1890–1914)*, Thomas Mann Studien, 26. Bd., Vittorio Klostermann, Frankfurt am Main, 2002.

Welzbacher, Christian, *Der radikale Narr des Kapitals. Jeremy Bentham, das »Panoptikum« und die »Auto-Ikone«*, Matthes & Seitz Berlin, Berlin, 2011.

Werrett, Simon, *Potemkin and the Panopticon: Samuel Bentham and the Architecture of Absolutism in Eighteenth Century Russia*, UCL Bentham Project Journal of Bentham Studies, vol. 2 (1999).

Anmerkungen

[1] Chirico, S. 22
[2] Cirigliano, S. 222–223
[3] Schalamow, S. 73
[4] Stollmann, S. 86–87
[5] Simmel S. 288
[6] in: Baudrillard, S. 15–16
[7] Rotman, S. 46–47
[8] vgl. Aristoteles, *Politik*, II.8.
[9] vgl. Kruft, S. 12
[10] Morus, S. 53
[11] vgl. Tafuri, S. 163
[12] vgl. Stanek, S. 109
[13] McLeod, S. 23
[14] Hegel, 1. Band, S. 475
[15] Bloch, 843–844
[16] ebd., S. 868
[17] Boullée, S. 133–134
[18] Tafuri, S. 49
[19] Bentham, S. 13–14
[20] ebd., S. 29
[21] vgl. Welzbacher, S. 79
[22] vgl. Werrett, S. 17
[23] vgl. Hofmann, S. 430 ff.
[24] vgl. Sommer, S. 69
[25] Bentham, S. 18–19

26 Aschoff, S. 9
27 Welzbacher, S. 60
28 Foucault, S. 117
29 vgl. Ignatieff, S. 212
30 Clarke, S. 262
31 Bentham, S. 27
32 Foucault, S. 264
33 vgl. Steadman, S. 346
34 zit. nach Werrett, S. 23
35 ebd., S. 21
36 Chirico, S. 35
37 Tauler, S. 102
38 Kafka, *Drucke zu Lebzeiten*, S. 390
39 Schopenhauer, 5. Band, S. 93
40 Chirico, S. 90
41 zit. in: Werner Spies, S. 48
42 Chirico, S. 58
43 *The de Chirico Journals*, S. 613
44 Arthur Schopenhauer, 4. Band, S. 362
45 ebd., S. 290
46 Chirico, S. 94–95
47 Kafka, *Tagebücher*, S. 587–588
48 ebd., S. 562
49 vgl. Viechow, S. 185
50 Mann, S. 39
51 Kafka, *Tagebücher*, S. 810–811
52 Kafka, *Nachgelassene Schriften und Fragmente*, I., S. 305
53 Chirico, S. 26
54 Kafka, *Drucke zu Lebzeiten*, S. 253
55 Kafka, *Nachgelassene Schriften und Fragmente*, I., S. 372
56 ebd., S. 373–374
57 I. Akt, 5. Szene

58 Kafka, *Nachgelassene Schriften und Fragmente*, I., S. 311

59 Kafka, *Drucke zu Lebzeiten*, S. 253

60 ebd., S. 261

61 vgl. Grzegorz Gazda

62 Berkley, S. 136

Erste Auflage Berlin 2017

Göhrener Str. 7 | 10437 Berlin
info@matthes-seitz-berlin.de

Satz: psb, Berlin
Druck und Bindung: Art Druk, Szczecin
Umschlaggestaltung nach einer Idee von Pierre Faucheux
ISBN 978-3-95757-397-1
www.matthes-seitz-berlin.de